Marketing als Erfolgsfaktor für Start-Ups?

Wie junge Unternehmen ihr Gründungskapital erfolgreich investieren

Bibliografische Information der Deutschen Nationalbibliothek:

Die Deutsche Nationalbibliothek verzeichnet diese Publikation in der Deutschen Nationalbibliografie; detaillierte bibliografische Daten sind im Internet über http://dnb.d-nb.de abrufbar.

Impressum:

Copyright © Studylab 2021

Ein Imprint der GRIN Publishing GmbH, München

Druck und Bindung: Books on Demand GmbH, Norderstedt, Germany

Coverbild: GRIN Publishing GmbH | Freepik.com | Flaticon.com | ei8htz

Abstract

Trotz des immer weiter steigenden Kapitalbedarfs bei Gründungen, müssen diese zum Teil aufgrund einer Insolvenz ihr Unternehmen schließen. So ist die Gründung eines Unternehmens für die gleichzeitig steigende Anzahl an Vollerwerbsgründern, welche keine Nebenerwerbstätigkeit ausführen, mit einem hohen finanziellen Risiko verbunden. Das vorhandene Kapital muss folglich zielgerichtet und mit dem größtmöglichen Nutzen für das Unternehmen eingesetzt werden. Auch in Marketing wird konstant Geld investiert. Aus diesem Grund ist die Betrachtung angebracht, ob Marketing bei jungen Unternehmen erforderlich ist und wie groß der Einfluss von Marketing auf die Konsumenten ist. Durch die Durchführung einer Literaturrecherche, einer Online-Umfrage und von Experteninterviews wird eine umfassende Betrachtung des Themas gegeben. Nach Auswertung aller Quellen ist festzustellen, dass Marketing einen außerordentlichen Einfluss auf die Anregung zum Kauf durch die Konsumenten hat. Somit sind die Investitionen in das Marketing unabdingbar, um den Absatz und dadurch auch den Gewinn zu steigern, welcher gleichzeitig mit dem Erfolg des Unternehmens verbunden ist.

Despite the ever-increasing capital requirements for start-ups, some of them have to close their business due to insolvency. Thus, the foundation of a company is associated with a high financial risk for the simultaneously increasing number of full-time founders who do not carry out a sideline activity. The available capital must therefore be used in a targeted manner and with the greatest possible benefit for the company. Money is also constantly invested in marketing. For this reason, it is appropriate to consider whether marketing is necessary for young companies and how great the influence of marketing is on consumers. By conducting a literature search, an online survey and expert interviews, a comprehensive view of the topic is given. After evaluation of all sources it can be stated that marketing has an extraordinary influence on the stimulus to buy by the consumers. Therefore, investments in marketing are indispensable to increase sales and thus also profits, which are at the same time linked to the success of the company.

Bewertung, Erfolgsfaktor Marketing, junge Unternehmen, Handelsunternehmen

Inhaltsverzeichnis

Abstract III

Abbildungsverzeichnis V

Tabellenverzeichnis VI

1 Einleitung **1**

    1.1 Problemstellung und Zielsetzung 1

    1.2 Aufbau der Arbeit 1

2 Theoretische Grundlagen **3**

    2.1 Entwicklung von Unternehmensgründungen 3

    2.2 Entwicklung des Marketings 8

    2.3 Entwicklung zu der Konsumgesellschaft 12

3 Forschungsmethodik **14**

    3.1 Literaturrecherche und -analyse 14

    3.2 Erhebungsmethode: quantitative Forschung 20

    3.3 Erhebungsmethode: qualitative Forschung 27

    3.4 Quantitative vs. Qualitative Erhebung 30

4 Forschungsergebnisse **32**

    4.1 Literaturrecherche 32

    4.2 Erhebungsmethode: quantitative Forschung 35

    4.3 Erhebungsmethode: qualitative Forschung 41

5 Interpretation **45**

6 Fazit **48**

Literaturverzeichnis **49**

Anhang **55**

Abbildungsverzeichnis

Abbildung 1. Ablaufmodell einer qualitativen Inhaltsanalyse 19

Abbildung 2. Auswahlverfahren in der Befragung 22

Abbildung 3. Der kognitive Antwortprozess 23

Abbildung 4. Erste Informationsquellen nach Berührungspunkten 34

Abbildung 5. Investitionsplanung 2018 35

Abbildung 6. Zeit in den sozialen Medien pro Tag 38

Abbildung 7. Häufigkeit des Einkaufs im Internet 39

Abbildung 8. Kauf durch Werbung in sozialen Medien 40

Tabellenverzeichnis

Tabelle 1. Anzahl Gründer nach Personengruppen 3

Tabelle 2. Unterschiede zwischen dem strategischen und operativen Marketing-Controlling 10

Tabelle 3. Überblick über uni-, bi- und multivariate Analysemethoden 26

Tabelle 4. Übersicht der verschiedenen Erhebungsmethoden 27

Tabelle 5. Vor- und Nachteile der quantitativen und qualitativen Methoden 31

Tabelle 6. Häufigkeit des Einkaufs 37

Tabelle 7. Letzter Kauf aufgrund von Werbung oder Empfehlung 37

Tabelle 8. Prioritäten von verschiedenen Punkten bei Werbung 38

Tabelle 9. Zufriedenheit von Produkten 41

1 Einleitung

1.1 Problemstellung und Zielsetzung

In den verschiedenen Social-Media-Kanälen wird den Nutzern regelmäßig die Werbung von jungen Unternehmen angezeigt. Es macht den Anschein, dass nicht der Nutzen des Produkts, sondern die Attraktivität der Werbung im Vordergrund steht, durch welche die Konsumenten zum Kauf angeregt werden sollen. Hier stellt sich nun die Frage, ob Start-Up-Unternehmen ausschließlich über ihren Produktnutzen steigenden Umsatz und damit Wachstum generieren können. Die Verbreitung des Produkts übernehmen in diesem Fall zufriedene Kunden, die durch Empfehlungen neue Kunden generieren.

Im Hinblick auf das wenige Kapital, welches Start-Up-Unternehmen durchschnittlich zur Verfügung haben, kann dieses durch die Einsparung im Bereich der Werbung in andere Bereiche investiert werden. Insbesondere bezogen auf die jährlich höhere Anzahl an Vollerwerbsgründer, welche ihren Lebensunterhalt mit der Neugründung bewältigen, muss das vorhandene Kapital zielgerichtet eingesetzt werden. Nur dann kann ein größtmöglicher Nutzen für den Gründer erzeugt werden.

Aus diesem Anlass ist die Zielsetzung dieser Arbeit die Bewertung des Erfolgsfaktors Marketing für junge Unternehmen. Aufgrund der nicht vorhandenen Bekanntheit von jungen Unternehmen, ist die Untersuchung bei diesen klar abgrenzbar. Der Fokus wird ausschließlich auf Handelsunternehmen gelegt.

Die Hypothese H0 besagt, dass Marketing keinen Mehrwert für junge Unternehmen hat. Dagegen steht die Hypothese H1, welche den Mehrwert von Marketing für junge Unternehmen hervorhebt. In dieser Arbeit wird somit neben der Beantwortung der Forschungsfrage auch die Bestätigung beziehungsweise Verwerfung der Hypothesen vorgenommen.

1.2 Aufbau der Arbeit

Zur Einleitung in das Thema werden erst theoretische Grundlagen geschaffen. Hierzu gibt das Kapitel 2 einen Überblick über die Unternehmensgründungen und deren Entwicklung. Außerdem wird auch die Entwicklung des Marketings und der Konsumgesellschaft betrachtet. Durch diese drei Themenblöcke ist die für diese Arbeit notwendigen Basis gegeben.

Nach den Grundlagen erfolgt eine Darstellung der möglichen Forschungsmethoden. Das Kapitel 3 betrachtet die Literaturrecherche, welche aufgrund ihres Bekanntheitsgrades von hoher Bedeutung ist. Außerdem wird der Fokus auf die Onlineumfrage als quantitative Forschungsmöglichkeit und das Experteninterview als qualitative Erhebung gelegt. In Kapitel 3.4 werden abschließend Vor- und Nachteile der quantitativen und qualitativen Forschung und deren Berechtigung für die Forschung erläutert.

Kapitel 4 dient zur Anwendung der in Kapitel 3 betrachteten Forschungsmethoden. Es wird eine Literaturrecherche mit qualitativer Inhaltsanalyse nach Mayring durchgeführt. Durch diese fließen vorhandene Erkenntnisse in die zu erstellende Arbeit ein.

Die für dieses Thema wichtigen Erkenntnisse von Empfindungen von Konsumenten werden anhand einer Onlineumfrage gewonnen. Mit dieser werden Konsumenten zu ihrem Einkaufsverhalten und -entscheidungen befragt. Zur umfassenden Betrachtung der Thematik werden außerdem zwei Experteninterviews mit Start-Up-Unternehmer durchgeführt, welche über ihre Marketingstrategie Auskunft geben. Sie dienen gleichzeitig der Abdeckung einer qualitativen Forschungsmethode.

Der Zusammenführung und Interpretation der Ergebnisse werden das Kapitel 5 gewidmet. Hier erfolgt die Verknüpfung mit der Literatur aus Kapitel 2 und die Darstellung von Handlungsempfehlungen.

Zum Abschluss der Arbeit werden in Kapitel 6 Einschränkungen während des Forschungsprozesses sowie Empfehlungen für weitere Untersuchungen dargestellt.

2 Theoretische Grundlagen

2.1 Entwicklung von Unternehmensgründungen

In Deutschland wurden im Jahr 2018 rund 547.000 Gründungen von Unternehmen durchgeführt. Dies ist ein leichter Rückgang um 2% im Vergleich zum Jahr 2017. Der Anteil der Vollerwerbsgründer stieg dabei von 234.000 auf 255.000 Personen an. Die Vollerwerbsgründer üben ihre Selbstständigkeit hauptberuflich aus. Die Anzahl der Nebenerwerbsgründer sank dagegen „das fünfte Jahr in Folge auf nun 292.000 Personen (-31.000)" (KfW Bankengruppe, 2019). Nebenerwerbsgründer betreiben ihre nicht hauptberufliche Selbstständigkeit neben einer zeitlich überwiegenden Erwerbstätigkeit (Handelskammer Hamburg, o. J.). Gleichzeitig nahm außerdem die Anzahl der Chancengründer von 390.000 auf 382.000 Personen ab (KfW Bankengruppe, 2019). Diese zeichnen sich durch die Überzeugung aus, dass sie mit ihrer Geschäftsidee eine Chance am Markt sehen (Konrad-Adenauer-Stiftung e.V., 2015). Die Notgründungen sind dagegen stark von 135.000 auf 148.000 Personen gestiegen (KfW Bankengruppe, 2019). Notgründer sehen aufgrund ihrer beruflichen Situation keine Alternative als die der Selbständigkeit (Konrad-Adenauer-Stiftung e.V., 2015).

Tabelle 1. Anzahl Gründer nach Personengruppen

	2016	2017	2018
Insgesamt	672.000	557.000	547.000
Vollerwerbsgründer	248.000	234.000	255.000
Nebenerwerbsgründer	424.000	323.000	292.000
Chancengründer	-	390.000	382.000
Notgründer	-	135.000	148.000

Quelle: Eigene Darstellung in Anlehnung an: KfW-Gründungsmonitor.

Trotz der abnehmenden Anzahl von Gründungen stieg gleichzeitig der Kapitalbedarf der einzelnen Gründungen. In 2008 wurden ca. 10.000 EUR pro Gründung eingesetzt. Dieser Betrag stieg bis 2018 auf knapp 16.000 EUR. Vorzugsweise Vollerwerbsgründer, welche keinen Nebenberuf ausüben und somit ihren Lebensunterhalt mit der Gründung verdienen, haben inzwischen einen deutlich höheren Kapitalbedarf von im Schnitt ca. 25.000 EUR. Nebenerwerbsgründer dagegen verwenden im Schnitt ca. 8.500 EUR für ihre Gründung. Hier sank der Kapitalbedarf also.

Der Anstieg des Kapitalbedarfs der Vollerwerbsgründer zeigt sich bei der erhöhten Verwendung von Eigen- und Fremdkapital. So stieg der Anteil von Eigenkapital von 39% in 2017 auf 44% in 2018. Die Anzahl der Mikrofinanzierungen[1] erhöhte sich von 8% auf 9%, der Anteil der Makrofinanzierung[2] von 13% auf 14% (KfW Bankengruppe, 2019). Die Kapitalgeber bei einer Mikrofinanzierung sind meist aus dem privaten Umfeld wie Familie oder Freunde. Makrofinanzierungen stammen primär von Kreditinstituten (Gabler Banklexikon, o.J.). Trotz des erhöhten Kapitalbedarfs liegt die Abbruchrate von Unternehmensgründungen nach drei Jahren bei rund 30%. Gründe für den Abbruch sind neben den persönlichen Gründen wie Krankheit, Stress et cetera auch die geplante Befristung bei Nebenerwerbsgründungen. Aufgrund einer Insolvenz geben 2% der Gründer ihr Unternehmen auf.

Somit wurden 2018 rund 10.940 Unternehmensgründungen deshalb beendet. Gründer mit einem Kapitalaufwand höher als 25.000 EUR brechen deutlich seltener ab, als Gründer ohne Finanzkapital (KfW Bankengruppe, 2019).

Die Forschung zu den Erfolgsfaktoren bei Unternehmensgründungen ist sehr umfangreich. Durch Erfolgsfaktoren sollen die Einflussgrößen identifiziert werden, welche entscheidend für den Erfolg sind (Herr, 2007, S.40).

Nach Nagl ist der wichtigste Erfolgsfaktor bei einer Unternehmensgründung „die Vermeidung von großen Fehlern" (2014, S. 217). Fehler sind beispielsweise der Schluss des Gründers von seinem Bedarf auf den Bedarf des Marktes, die Fehleinschätzung der Konkurrenzsituation oder auch die Einstellung, dass alleine das Produkt über den Erfolg entscheidet.

Neben der Vermeidung von Fehlern sind weitere Erfolgsfaktoren nach Nagl (2014, S. 223-226)

- Moral, Ethik und Ehrlichkeit: aufgrund des langfristigen Aufbaus eines Unternehmens ist dies unumgänglich. Kurzfristig ist ein Erfolg mit dem Bruch dieses Erfolgsfaktors möglich, langfristig kann kein erfolgreiches Unternehmen auf unmoralischem, unethischem oder unehrlichem Verhalten aufgebaut werden. Auch ist es nicht möglich, dass ein Unternehmer von seinen

---

[1] Maximal 25.000 EUR externes Kapital.
[2] Über 25.000 EUR externes Kapital.

Mitarbeiter Ehrlichkeit einfordert und diese selbst jedoch nicht lebt. Durch dieses Verhalten fördert er Misstrauen, welches dann wiederum auf sein Unternehmen projiziert wird. Dagegen steigt das Engagement der Mitarbeiter bei moralischem Verhalten. Dies kann beispielsweise die Mitarbeit in ehrenamtlichen Ausschüssen sein.

- Kunden sind die besten Berater: die Kunden erhalten durch ihren Kauf das Unternehmen. Somit ist eine hohe Kundenorientierung sehr wichtig. Durch das Umsetzen des Feedbacks der Kunden kann diese Kundenorientierung gelebt werden. Außerdem schließt die Kundenorientierung auch die Reaktion auf schwierige Kunden, den regelmäßigen Kundenkontakt sowie die möglichst kurze Erklärung des Produkts für einen Fachfremden ein.

- Verständnis für die eigenen Zahlen: neben einer hohen Kundenorientierung muss gleichzeitig der Überblick über das eigene Unternehmen behalten werden. Hierzu ist es unabdingbar Kennzahlen zu interpretieren, eigene Visionen und Unternehmensziele in Zahlen darzustellen und verschiedene Posten der Buchhaltung einschätzen zu können.

- Flexibilität: eine wichtige Eigenschaft vieler Gründer ist ihre Hartnäckigkeit. Allerdings muss trotz dieser hohen Zielorientierung flexibel reagiert werden können. Dies betrifft unter anderem die Gründungsidee, den geplanten Markt oder auch bestimmte Marketing- und Vertriebskonzepte.

Neben Nagl wird heutzutage noch häufig die Einteilung der Erfolgsfaktoren nach Gartner (1985) vorgenommen. Dieser teilt die Erfolgsfaktoren nach den „Persönlichkeitsmerkmalen der Gründer, die entstehende Organisation, die sie umgebende Umwelt und der Entstehungsprozess des neuen Unternehmens" (Jacobsen, 2006, S. 42[3] zitiert nach Gartner, 1985, S. 696-706) ein.

Die Persönlichkeitsmerkmale der Gründer beinhalten „neben den Persönlichkeitseigenschaften die demografischen Faktoren, das Konzept des Humankapitals, das sowohl die Ausbildung, die Erfahrung und die Fähigkeiten" (Jacobsen, 2006, S. 42) der Gründer umfassen. Vorrangig das Leistungsmotiv und das Durchhaltevermögen haben einen außerordentlich hohen Einfluss auf den Erfolg der Gründung. Dagegen sind Kreativität, Initiative und Ehrgeiz förderlich, garantieren den Erfolg allerdings nicht. Entscheidend für den Erfolg sind die Persönlichkeitseigenschaften alleine jedoch nicht. Wichtig ist das Zusammenspiel aller Persönlich-

---

[3] Jacobsen, L. (2006). Erfolgsfaktoren bei der Unternehmensgründung. Entrepreneurship in Theorie und Praxis. Wiesbaden: GWV Fachverlage GmbH.

keitsmerkmale, welche zu dem benötigten unternehmerischen Verhalten kombiniert werden (Jacobsen, 2006, S. 126).

Die Ebene der entstehenden Organisation teilt sich unter anderem in die Strategie/ das Marketing, das Team und die Organisationsform auf (Jacobsen, 2006, S. 42 zitiert nach Gartner, 1985, S. 696-706). Das Marketing, welches den Fokus auf den Marktvorteil sowie den Kundennutzen und die Qualität des Produkts richtet, hat einen großen Einfluss auf den Unternehmenserfolg. Auch das Team trägt dazu einen erheblichen Anteil bei. Dagegen konnte ein großer Einfluss der Organisationsform nicht nachgewiesen werden (Jacobsen, 2006, S. 127).

Zu der Ebene der Umwelt des Unternehmens gehören unter anderem das mikrosoziale Klima, die Konjunkturlage und auch das unternehmerische Umfeld (Jacobsen, 2006, S. 42 zitiert nach Gartner, 1985, S. 696-706). So ist die Unterstützung aus dem Umfeld der Gründer für den Erfolg förderlich. Außerdem ist auch eine positive Konjunkturlage wichtig, welche die Gründer bei ihrem Vorhaben unterstützt. Dagegen hat das unternehmerische Umfeld auf den Erfolg je nach Branche Einfluss. Besonders die Struktur der Branche, der Stand der Technologie sowie die aktuelle Stellung im Lebenszyklus sind für den Erfolg des Unternehmens relevant (Jacobsen, 2006, S. 128).

Zu der Prüfung des Unternehmenserfolgs werden verschiedene Kennzahlen verwendet. Unter Kennzahl versteht man die „Zusammenfassung von quantitativen, d.h. in Zahlen ausdrückbaren Informationen für den innerbetrieblichen (betriebsindividuelle Kennzahlen) und zwischenbetrieblichen (Branchen-Kennzahlen) Vergleich" (Gabler Wirtschaftslexikon, o. J.).

Beispielsweise sind der relative Marktanteil aber auch nichtfinanzielle Kennzahlen wie die Qualität des Managements, die Coporate Governance oder ähnliche zu nennen. Hervorzuheben sind die Finanzkennzahlen, da das Ziel eines jeden Unternehmens der finanzielle Erfolg ist, ohne den ein Unternehmen sich nicht am Markt halten kann (Scheffler, 2010, S. 3).

Die Finanzkennzahlen werden sowohl für die Analyse der Vermögens-, Finanz- und Ertragslage des Unternehmens und deren Entwicklung als auch für die Unternehmenssteuerung und -überwachung verwendet. Ziel der Finanzkennzahlen ist die Sicherstellung der Zahlungsbereitschaft mit zum Beispiel den Kennzahlen Cashflow und Kapitalstruktur. Unter Cashflow ist die Gegenüberstellung von Ein- und Auszahlungen innerhalb eines bestimmten Zeitraums zu verstehen (Gründerszene Lexikon, o. J.). Die Kapitalstruktur beschreibt das Verhältnis von Eigen- zu Fremdkapital (Welt der BWL, o. J.).

Ein weiteres Ziel der Finanzkennzahlen ist der nachhaltige Erfolg mit angemessener Rendite. Hier dienen beispielsweise die Kennzahlen der Ergebnisstruktur und der Umsatz- beziehungsweise Kapitalrentabilität der Messung des Erfolgs. Die Kennzahlen der Ergebnisstruktur beinhalten unter anderem die Material- als auch die Personalaufwandsquote. Für die Ermittlung dieser Kennzahlen werden diese Aufwände den Umsatzerlösen gegenübergestellt (Institut für Wissen in der Wirtschaft, o. J.). Die Umsatzrentabilität beschreibt das Verhältnis von Umsatz zu dem Betriebsergebnis (Controlling-Portal, o. J.). Dagegen wird bei der Kapitalrentabilität der Gewinn und das Kapital, welches für die Erzielung dieses Gewinns benötigt wird, gegenübergestellt (Welt der BWL, o. J.).

Neben diesen zwei Zielen ist auch die Wirtschaftlichkeit bei der betrieblichen Leistungserstellung wichtig. Zur Messung dieser dienen unter anderem die Kennzahlen der Kostenstruktur und der Umschlagshäufigkeit. Die Kostenstruktur gibt einen Überblick über die Zusammensetzung der Kosten eines Unternehmens (Gabler Wirtschaftslexikon, o. J.). Die Umschlagshäufigkeit beschreibt die Anzahl der Verkaufsvorgänge des durchschnittlichen Lagerbestands pro Jahr (Gabler Wirtschaftslexikon, o. J.).

Auch die Produktivität ist ein Ziel der Finanzkennzahlen. Sie forciert einen möglichst geringen Faktoreinsatz bei möglichst hoher Ausbringung. Eine Kennzahl ist hierfür beispielsweise der Umsatz je Mitarbeiter.

Die optimale Finanzierung ist ein weiteres Ziel der Finanzkennzahlen. So soll die fristgerechte Finanzierung zu marktüblichen Kosten sichergestellt werden. Als Kennzahl dient exemplarisch der Grad der Verschuldung. Dieser stellt das Verhältnis von Fremd- zu Eigenkapital gegenüber (Welt der BWL, o. J.).

Die Flexibilität und Unabhängigkeit des Unternehmens und die Erhaltung und Steigerung des Unternehmenswerts mit ihren Kennzahlen der Eigenkapitalquote sowie der Gesamtkapitalrentabilität, welche auch als ROI bezeichnet wird, komplettieren die Ziele der Finanzkennzahlen (Scheffler, 2010, S. 4-5).

2.2 Entwicklung des Marketings

Das Wort „Marketing" wurde erstmalig Anfang des 20. Jahrhunderts verwendet. Es ist eine Kürzung von „to go into the market" (Hesse, Neu, & Theuner, 2007, S. 13). Aufgrund unterschiedlicher Ansichten und sich dynamisch entwickelnder Märkte, gibt es keine feste und unveränderbare Definition des Begriffs „Marketing" (Walsh, Deseniss, & Kilian, 2020, S. 7). Die American Marketing Association, der weltweit führende Marketingverband, definiert Marketing seit 2017 als Aktivitäten, organisatorische Einheiten und Prozesse, für die Schaffung, die Kommunikation, die Bereitstellung und den Austausch von Angeboten, die für Kunden, Klienten, Partner und die Gesellschaft als Ganzes einen Wert haben (American Marketing Association, 2017). Marketing umfasst somit neben der Kundenbindung auch „das Problem der potentiellen Kunden in allen seinen Facetten zu erkennen und zu verstehen". Es enthält also sowohl die Marktforschung als auch die Problemlösung (Busch, Dögl, & Unger, 2001, S. 5).

Als Vorgehen zur Erreichung der Marketingziele wird auch heute noch, der von McCarthy 1960 entwickelte Marketing-Mix verwendet. Er beinhaltet die vier nachfolgenden Instrumente, welche zusammen das Marketing-Konzept ergeben (Walsh, Deseniss, & Kilian, 2020, S. 8):

- Produktpolitik (Product): Merkmale und Funktionen des Produkts.
- Preispolitik (Price): Verkaufspreis des Produkts.
- Vertriebspolitik (Place): Aktivitäten für den Vertrieb des Produkts.
- Kommunikationspolitik (Promotion): Kommunikationsmaßnahmen für Informationen über das Produkt.

Unterschiedliche Werbemarkt-Prognosen rechnen derzeit mit jährlich steigenden Werbeausgaben. 2018 betrugen diese für Deutschland rund 21,1 Milliarden US-Dollar[4] (Statista, o.J.).

Vor allem dem Marketing in den sozialen Netzwerken wird ein extremes Wachstum vorausgesagt. Dagegen wird der Umsatz bei traditionellen Printmedien kontinuierlich sinken. Derzeit sind in Deutschland allerdings die Werbeausgaben in Zeitschriften und Zeitungen gegenüber Social-Media-Werbung noch um das Fünffache höher. Global betrachtet, wurde 2018 erstmals mehr Kapital in Social-Media-Werbung aufgewendet, als in Print-Medien. Deutschland ist hier also noch

---

[4] Mit einem Umrechnungskurs von 0,9022 EUR (22.01.2020): 19,03 Milliarden EUR.

„Entwicklungsland" (Zenithmedia, 2019). Aufgrund der Steigerung der Bedeutung von Social Media Werbung verändern sich gleichzeitig die Anforderungen an das Marketing. Die Digitalisierung ermöglicht unter anderem das Einbeziehen von kundenbezogenen Daten, wodurch „individueller und schneller auf Kundenwünsche" reagiert werden kann (Meffert, Burmann, Kirchgeorg, & Eisenbeiß, 2019, S. 70). Dieses Sammeln der Daten wird Big Data genannt.

Beispielhaft für Big Data im Onlinehandel ist Amazon. Anhand von bisherigen Suchverläufen, werden Vorschläge für zukünftige Käufe angezeigt. Aber auch Einzelhändler profitieren von Big Data. Mithilfe einer speziellen Brille und der Blickanalyse werden Daten gesammelt, in welche Richtung der Kunde seinen Blick richtet. Anhand dieser Daten kann dann die Supermarktgestaltung angepasst werden. (Ternés, Tower, & Jerusel, 2015, S. 22).

Der Erfolg des Marketings wird nach der Ausführung der entsprechenden Aktivitäten kontrolliert. In der heutigen Zeit erfolgt diese Kontrolle nicht mehr anhand eines einfachen Soll-Ist-Vergleichs, sondern anhand der Durchführung von umfassenderen Controllingaktivitäten und der kritischen Prüfung von Verfahrensweisen und Entscheidungsprozessen im Marketing (Bruhn, 2019, S. 301). Somit untersucht das Marketing-Controlling „die Wirkungen von strategischen und taktischen Marketingentscheidungen auf Unternehmens-, Kunden- und Marktebene" (Bruhn, 2019, S. 301).

Es wird zwischen operativem und strategischem Marketing-Controlling unterschieden.

Tabelle 2. Unterschiede zwischen dem strategischen und operativen Marketing-Controlling

	Strategisches Marketing-Controlling	**Operatives Marketing-Controlling**
Fragestellung	„Doing the right things" – „Die richtigen Dinge tun"	„Doings things right" – „Die Dinge richtig tun"
Zielorientierung	Langfristig (Zukunftsorientiert)	Kurz- bis mittelfristig (Gegenwartsorientiert)
Informationsquellen	Primär extern (Unternehmensumwelt)	Primär intern (z. B. eigene Kosten / Leistungen)
Ziel	(Langfristige) Existenzsicherung	Wirtschaftlichkeit der Marketingprozesse
Sicherheit der Informationen	Unsicherheit / sehr heterogen	Weitgehend sichere Informationen
Art der Informationen	Meist qualitativ	Quantitativ / monetär

Quelle: Eigene Darstellung in Anlehnung an: Zerres, 2017, S. 6.

Im operativen Marketing-Controlling wird beispielsweise das Controlling der Werbung, des Online-Marketings und von Events zusammengefasst.

Speziell im Controlling der Werbung wird die Werbeeffizienz gemessen. Diese setzt den Werbe-Output in das Verhältnis zum Werbe-Input. Der Werbe-Output ist zusammengesetzt aus den Zielen, die mit der Werbung erreicht werden sollen. Bei dem Werbe-Input handelt es sich um monetäre Aufwendungen, welche für den Output entstehen. Aufwendungen sind unter anderem die Erstellung der Werbemittel, die administrativen Kosten für die Marketingabteilung und auch die Vergütung der beauftragten Werbeagenturen (Pechtl, 2017, S. 157).

Im strategischen Marketing-Controlling werden neben dem Produkt-Lebenszyklus-Modell auch verschiedene Portfolio-Analysen angewendet.

Das Produkt-Lebenszyklus-Modell ordnet ein Produkt einem bestimmten Lebenszyklus zu. Der Lebenszyklus wird unterschieden in die Einführungs-, Wachstums-, Reife-, Sättigungs- und Degenerationsphase.

Das Portfolio-Modell zeigt den Zusammenhang zwischen zwei Kriterien auf. Ursprünglich für die Finanzwirtschaft entwickelt, wird es durch eine Transferierung inzwischen auch im Marketing eingesetzt. Drei wichtige Portfoliotypen sind (Rufo & Zerres, 2017, S. 70-72):

- Marktwachstum-/Produktlebenszyklus-Portfolio
- Marktattraktivitäts-/Wettbewerbsvorteils-Portfolio
- Marktwachstum-/Marktanteils-Portfolio.

Ziel des Marketing-Controllings ist die Erhaltung der Effizienz und der Effektivität für eine marktorientierte Unternehmensführung. Dazu dienen die Informations-, Planungs-, Kontroll- und Koordinationsfunktion, welche von dem Marketingcontrolling übernommen werden.

Die Effektivitätskontrolle dient der Überprüfung der Zielerreichung in Form eines Soll-Ist-Vergleichs. Hierzu werden im Vorfeld verschiedene monetäre und nicht-monetäre Marketingziele festgelegt. Kontrollgegenstände sind kognitive, affektive und konative Wirkungen.

Die kognitiven Wirkungen enthalten etwa die Markenbekanntheit, den Informationsstand oder auch Produkt- und Preiskenntnisse. Die Überprüfung der Markenbekanntheit erfolgt unter anderem mit dem Recognitiontest. Der Testperson wird hierbei gelerntes und ungelerntes Material vorgelegt. Dann wird abgefragt, an welches Material sich die Testperson noch erinnern kann.

Unter den affektiven Wirkungen sind die Einstellungen, das Image, aber auch die Kundenzufriedenheit zu verstehen. Die Messung der Kundenzufriedenheit erfolgt durch die Gegenüberstellung des erwarteten Produktnutzens und dem wahrgenommenen Produktnutzen.

Die konativen Wirkungen beinhalten wiederum den Absatz, Umsatz, Markanteil, Gewinn und Weitere. Anhand von Umsatz- beziehungsweise Absatzstatistiken aber auch Daten aus dem internen Rechnungswesen kann dieser Kontrollgegenstand geprüft werden (Bruhn, 2019, S. 301-308).

Im Gegensatz zu der Effektivitätskontrolle, die der Überprüfung der Zielerreichung dient, ist bei Effizienzkontrollen die Wirtschaftlichkeit der durchgeführten Marketingaktivitäten von Bedeutung. Hierzu wird eine Kosten-Nutzen-Analyse durchgeführt. Sie stellt die Kosten der Marketingaktivitäten dem Nutzen dieser gegenüber. Als Daten für den Nutzen sind die Ergebnisse der Effektivitätskontrolle einzubeziehen.

Durch den immer weiter steigenden Erfolgs-, Kosten- und Wettbewerbsdruck ist das Marketing zukünftig angehalten, den Erfolg der Maßnahmen aufzuzeigen. (Bruhn, 2019, S. 308-312).

2.3 Entwicklung zu der Konsumgesellschaft

In der heutigen Zeit verbrauchen 20% der Bewohner dieser Welt 80% der zur Verfügung stehenden Ressourcen. Der Wandel zu unserer derzeitigen Konsumgesellschaft fand im 19. und 20. Jahrhundert statt. (Steiner, 2000, S. 8).

Unter Konsum versteht man den Verbrauch, insbesondere von Nahrungs- und Genussmitteln (Duden, o.J.). Als Konsumgesellschaft bezeichnet man die „in ihrem ganzen Lebensstil vorwiegend auf die Sicherung und Steigerung des Konsums ausgerichtete Gesellschaft mit relativ hohem Wohlstand breiter Bevölkerungskreise" (Duden, o.J.). Entstanden ist sie in den USA, aus welcher sie dann in den verschiedenen Nationen mit verschiedenen Ausprägungen übernommen wurde. In der Bundesrepublik Deutschland ist diese Konsumgesellschaft seit ca. 1960 vorhanden.

Mit der Konsumgesellschaft ist die Entwicklung der Technik zusammenhängend. Die, durch sie „verursachten Produktionssteigerungen, waren gleichermaßen Voraussetzung für eine Verbilligung der Produkte wie für eine Erhöhung der Einkommen und eine Vermehrung der Freizeit" (Steiner, 2000, S. 9).

Für die Produktionssteigerungen werden Strategien der Massenproduktion benötigt. Diese sind zum Beispiel Standardisierung, Sparsamkeit, Automatisierung et cetera. Außerdem müssen die produzierten Waren auch vertrieben werden. Durch Innovationen entwickelten sich die lokalen Märkte zu nationalen und globalen Märkten mit immer neuen Vertriebsformen, wie Supermärkte, Shopping-Center und dem Versandhandel. Damit die Verbraucher den Konsum leben, nutzt die Wirtschaft verschiedene Instrumente. Zu diesen gehört unter anderem der schnellere modische Wandel. Verschiedene Imitationen und Konsumentenkredite ermöglichen es dem weniger vermögenden Verbraucher an dem Konsum teilzuhaben. Wegwerfprodukte, welche dem Verbraucher ermöglichen, immer im Trend zu sein und gleichzeitig günstig sind, nehmen zu.

Durch die Globalisierung, welche durch das Fernsehen und die Erschließung der Welt durch Flugverkehr ermöglicht wurde, profitiert der Konsument von einem vielfältigeren und erschwinglicheren Angebot an Gütern. Dies hat auch eine Individualisierung des Verbrauchs mit individuellen Lebensstilen zur Folge. Sie werden unterstützt durch Konsumgüter wie Unterhaltungselektronik und Automobile. Konsumkritik äußert sich heutzutage vorrangig in der Umweltkritik. Diese macht auf die Grenzen des Verbrauchs aufmerksam, welche in der Belastungsfähigkeit der Erde liegen. Durch den vielen Abfall der Konsumartikel, werden unter anderem die Meere verschmutzt. Nicht zu vernachlässigen ist der Ressourcenverbrauch, welcher durch die Wegwerfartikel und den übermäßigen Konsum entsteht (König, 2000, S. 10-13).

Wie in Kapitel 1.1.2. erläutert, ändert sich durch die Digitalisierung das Konsumentenverhalten. So steigert sich der Umsatz des Onlinegeschäfts jährlich. Dagegen nimmt der stationäre Handel ab. Dies wird begünstigt durch die nicht vorhandenen Öffnungszeiten des Onlinehandels sowie das unbegrenzte Angebot im Internet. Der Konsum kann also zeit- und ortsunabhängig erfolgen. Zudem steigt die Nutzung der sozialen Netzwerke mit ihren Bewertungsportalen jährlich. Der Verbraucher lässt somit neben den Social-Media-Kampagnen auch die Bewertungen mit in seine Kaufentscheidung einfließen. Auch zukünftig wird der Konsum immer digitaler und mobiler. Der stationäre Handel wird vor allem bei beratungsintensiven Konsummitteln genutzt (Ternés, Tower, & Jerusel, 2015, S. 1-28).

3 Forschungsmethodik

3.1 Literaturrecherche und -analyse

Zu einem detaillierten Überblick über die für die Bachelorarbeit wichtige Literatur, muss eine Literaturrecherche erfolgen. Während in früheren Jahrzehnten eine Recherche innerhalb des institutionseigenen Bibliothekskatalogs ausreichend Informationsmaterial bereitstellte, ist in der heutigen Zeit eine weitläufigere Suche erforderlich. Dies ist unter anderem auf einen außerordentlichen Anstieg an digitalen Informationen zurückzuführen (Lux & Sühl-Strohmenger, 2004, S. 43). Aus diesem Grund ist es unerlässlich die „relevanten Literaturdatenbanken, Fachportale, Informationssysteme und Zeitschriften" zu beherrschen (Linten, Kretschmann, & Heller, 2013, S. 1).

Auch die Differenzierung zwischen den unterschiedlichen Arten von Literatur ist eine Voraussetzung, da sich die Zugriffsmöglichkeiten je nach Art unterscheiden. Die Arten der wissenschaftlichen Literatur werden wie folgt unterschieden:

- Primärquellen: Primärliteratur ist die „Gesamtheit der literarischen, philosophischen o.ä. Texte, die selbst Gegenstand einer wissenschaftlichen Untersuchung sind" (Duden, o. J.). Hierbei kann es sich um Bücher, Zeitschriften oder ähnliches handeln. Sie werden vorrangig in wissenschaftlichen Arbeiten verwendet (Brink, 2013, S. 53).

- Sekundärquellen: Sekundärliteratur ist „wissenschaftliche Literatur über Primärliteratur" (Duden, o. J.). Es sind also Verzeichnisse, in welchen die Primärquellen systematisch nachgewiesen werden. Außerdem ist eine effiziente Übersicht möglich. Hierbei kann es sich um Bibliographien, Bibliothekskataloge oder Literaturverzeichnissen handeln. Aufgrund der fortschreitenden Entwicklung des Internets stehen immer weitere sekundäre Literaturquellen zur Verfügung. (Brink, 2013, S. 53-55).

- Tertiärquellen: Tertiärliteratur sind „grundlegende Diskussionen, Erklärungen und Abgrenzungen von Begriffen, Definitionen oder Theorien". Sie werden zum Beispiel in Lexika veröffentlicht, welche zur Unterstützung von Studenten dienen. Neben den Erklärungen werden auch weiterführende Literaturquellen angegeben. Autoren sind neben Hochschullehrern auch „die in die Lehre eingebundenen wissenschaftlichen Mitarbeiter" (Burchert & Sohr, 2005, S. 44).

Wie unter dem Punkt „Primärquellen" schon angedeutet, liegen diese in Form von Büchern, Zeitschriften oder ähnlichem vor. An dieser Stelle ist somit eine weitere Differenzierung zu vollziehen, welche anhand einiger Beispiele gezeigt wird:

- Monographien: Der Ausdruck „Monographie" stammt aus den altgriechischen Wörtern monos = alleine und graphein = schreiben und bedeutet „Einzelschrift". Unter „Monographie" wird also ein Buch verstanden, welches sich einem Thema „umfassend und unter Berücksichtigung der aktuellen Forschungssituation" (Wissenschaftliches-Arbeiten o. J.) widmet. Monographien können also „ein Lehrbuch, eine Dissertationen [sic!] oder eine Habilitationen [sic!]" (Brink, 2013, S. 53) sein. Sie sind durch ihre gute Erfassung in Katalogen und Datenbanken sehr einfach unter dem Namen des Verfassers, dem Titel oder auch nur unter Stichworten auffindbar (Brink, 2013, S. 54).

- Sammelwerke: Unter „Sammelwerken" versteht man Bücher, welche „nur Aufsätze unterschiedlicher Autoren enthalten" (Burchert & Sohr, 2005, S. 94). Diese Beiträge folgen einem vorher festgelegten Themenbereich. Die Zusammenfassung erfolgt durch einen Herausgeber. Zu Sammelwerken gehören sowohl „Wörterbücher, Handbücher sowie Handwörterbücher" als auch „Dokumentationsbände von Kongressen, Konferenzen und Tagungen" (Brink, 2013, S. 53). Vorwiegend sind die einzelnen Aufsätze weder in Katalogen noch in Datenbanken aufgeführt. Somit ist die Suche nur über den Herausgeber oder den Titel des Gesamtwerkes möglich (Brink, 2013, S. 54).

- Fachzeitschriften: Eine Fachzeitschrift ist eine „Zeitschrift, in der Fragen eines bestimmten Fachgebietes, eines Berufszweiges abgehandelt werden" (Duden, o. J.). Sie enthalten für gewöhnlich zeitgemäße Informationen im Vergleich zu Büchern, da „sie als Periodika mehrfach im Jahr erscheinen und folglich Forschungsergebnisse zeitnäher präsentieren können." (Brink, 2013, S. 53). Zudem enthalten sie „oft speziellere und stärker detaillierte Informationen zu einem konkreten Problem und dessen Lösung" (Brink, 2013, S. 53). Bei einer umfassenden Auswertung ist die Suche „über den Namen des Verfassers, den Titel oder ein Stich- bzw. Schlagwort" (Brink, 2013, S. 54) möglich, anderenfalls ist die Auffindbarkeit nur ausgesprochen schwierig oder auch gar nicht möglich. Dies ist abhängig von der Auswertung der Literaturdatenbank.

- Tagesaktuelle Printmedien: „Printmedien" ist ein „Sammelbegriff für alle auf Papier gedruckten Medien" (Gabler Wirtschaftslexikon, o. J.). Bei Tagesaktualität erscheinen sie täglich, um auf neue Entwicklung hinzuweisen. Allerdings erfolgt keine Auswertung in Datenbanken. Somit kann nur der Recherchedienst des jeweiligen Verlags in Anspruch genommen werden (Brink, 2013, S. 55).
- Graue Literatur: Unter „grauer Literatur" wird Schriftwerk verstanden, welches „nicht als Veröffentlichung betrachtet wird" (Brink, 2013, S. 53). Sie wird nur für einen engen Interessentenkreis veröffentlicht und kann als Diskussionspapier oder ähnliches vorliegen. Somit ist die Auffindbarkeit oft nicht gegeben.

Die Literaturrecherche kann sowohl systematisch als auch als Schneeballmethode angewandt werden. Der Unterschied zwischen der systematischen Literaturrecherche und der Schnellballmethode liegt in dem Vorgehen während der Suche.

Während bei der systematischen Literaturrecherche eine systematische Suche nach einem bestimmten Vorgehen erfolgt, werden bei dem Schnellballsystem „aus dem Literaturverzeichnis einer gefundenen Quelle weitere Literaturquellen" (Brink, 2013, S. 108) entdeckt. Sie sollte aus Gründen der inzwischen sehr umfangreichen Datenbanken mit verschiedenen Quellen „nur als Ergänzung und nicht als Ersatz einer systematischen Suche herangezogen werden" (Brink, 2013, S. 108).

Für die systematische Literaturrecherche wird zunächst die Fragestellung definiert. Mit Hilfe der sogenannten W-Fragen wird das Thema schrittweise präzisiert. W-Fragen sind Wer, Was, Wo, Wie et cetera. (Brink, 2013, S. 47). Nach dieser Spezialisierung der Fragestellung werden dann Suchbegriffe formuliert. Diese ergeben sich durch Synonyme oder auch verwandte Begriffe.

Für die Literatursuche wird anfänglich Literatur verwendet, welche einfach und direkt zugänglich ist und unmittelbar mit dem Thema in Verbindung gebracht werden kann. Vor allem tertiäres Material dient zum Einstieg. Neben den Nachschlagewerken bieten sich hierzu auch Bibliothekskataloge an. Ein Bibliothekskatalog sind Kataloge einer Bibliothek, in welchen einsehbar ist, ob und wo ein Buch beziehungsweise eine Zeitschrift einsehbar beziehungsweise ausleihbar ist. Oft sind allerdings nur Buch- und Zeitschriftentitel erfasst. Einzelne Aufsätze aus Fachzeitschriften werden nicht aufgeführt (Brink, 2013, S. 62).

Wenn nicht bekannt ist, welche Literatur zu dem zu betrachtenden Thema vorhanden ist, sind Bibliographien zu verwenden. Eine Bibliographie ist ein „Verzeichnis, in dem Bücher, Schriften, Veröffentlichungen einer bestimmten Kategorie angezeigt und (besonders nach Titel, Verfasser[in], Erscheinungsjahr und -ort) beschrieben werden" (Duden, o. J.).

Die Suche des Standorts wird dann in Katalogen geführt. Aus Gründen der Anzahl der Bibliographien und der Übersichtlichkeit werden Meta-Bibliographien erstellt. Diese sind Verzeichnisse von Bibliographien. Hier ist national die „Bibliographie der Bibliographien der Deutschen Nationalbibliothek in Leipzig" zu erwähnen (Brink, 2013, S. 66). Für diese wird eine monatliche Zusammenstellung aller deutschsprachigen Bibliographien erstellt (Brink, 2013, S. 66).

Schrittweise wird dann themenspezifischere Literatur verwendet. (Brink, 2013, S. 58-59).

An die zufallsgesteuerten Einstiegsphase schließt die Intensivphase. Sie dient der systematischen und umfassenden Informations- und Quellensuche. Es werden stufenweise „Nachschlagewerke, Bibliothekskataloge, Bibliographien, Amtliche Veröffentlichungen und schließlich Periodika als Recherchebasis herangezogen (Theisen, 2011, S. 38). Hierzu empfiehlt sich die folgende Strategie (Kaiser, 1978, S. 38):

- Vom Allgemeinen zum Speziellen,
- Vom Aktuellen zum Älteren und
- Von kurzen (Überblicks-)Aufsätzen zu Monographien.

Der Fokus liegt zunächst auf aktueller Literatur. Im späteren Verlauf der Recherche wird über diese dann auch ältere Literatur aufgefunden.

Neben der traditionellen Vorgehensweise wird auch das Internet zur Recherche herangezogen. Durch die gemischte Strategie ist die vollumfassende Betrachtung der Materie möglich.

Für die Recherche im Internet stehen verschiedene Online Datenbanken zur Verfügung, in welchen durch Trunkierungen oder auch Boolesche Operatoren eine gezielte Suche möglich ist. Unter trunkieren versteht man das Verwenden eines Platzhalters in einer Zeichenfolge (Duden, o. J.). So ist das Auffinden aller Autoren mit dem Anfangsbuchstaben „A", die in einer Datenbank gelistet sind, durch die Eingabe von „A*" in dem entsprechenden Suchfeld möglich.

Boolesche Operatoren bezeichnen die Operatoren „UND", „ODER", „NICHT", „BEI". Diese werden zur Kombination von mehreren Suchbegriffen oder auch Suchfeldern verwendet. Dadurch ist eine spezifische Anzeige von Ergebnissen möglich (Dev-Insider, o. J.).

Ein beachtlicher Vorteil der Online Recherche liegt in der Aktualität der Daten im Vergleich zu gedrucktem Material. Außerdem ist auch die Flexibilität in der Einsicht des Materials zu berücksichtigen. Durch die Verfügbarkeit im Internet stehen die Informationen flexibel zur Verfügung ohne auf Öffnungszeiten von Bibliotheken Rücksicht nehmen zu müssen. Durch sogenannte „Hosts" kann außerdem eine Abfrage auf die Datenbanken verschiedener Anbieter durchgeführt werden. Hierdurch ist eine höhere Effizienz möglich (Brink, 2013, S. 72-74).

Die Sichtung des Materials erfolgt dann über eine textanalytische Methode. Neben der qualitativen Inhaltsanalyse nach Mayring kann unter anderem auch die Grounded Theory, die Biographieforschung und weiteren Methoden verwendet werden. Die Unterscheidung zwischen der qualitativen Inhaltsanalyse und anderen Analysemethoden ist die Einteilung des Materials in Kategorien.

Zur Bewältigung der immer größeren Datenmengen wurde die qualitative Inhaltsanalyse entwickelt. Schrittweise erkannte man, neben der Wichtigkeit der Analyse der inhaltlichen Aspekte, die Bedeutung der Sinngehalte und der formalen Textcharakteristika. Aus diesem Grund wurde die qualitative Inhaltsanalyse um diese Teilbereiche erweitert (Mayring & Fenzl, 2019, S. 634).

Für die Bewältigung von großen Textmengen werden zuvor erstellte Kategorien einzelnen Textpassagen zugeordnet. Die Kategorien sind kurz formulierte Eigenschaften, welche analysiert werden sollen. Somit „werden nur die Textstellen berücksichtigt, die sich auf die Kategorien beziehen" (Mayring & Fenzl, 2019, S. 634). Diese Kategorisierung unterscheidet die qualitative Inhaltsanalyse von den anderen Analysemethoden. Durch das geregelte Vorgehen ist die Überprüfung durch andere Personen mühelos durchführbar. Sowohl die Auswertungsaspekte als auch die Auswertungsregeln werden präzise abgegrenzt. Durch die Definition von Analyseeinheiten sticht außerdem die Systematik der qualitativen Inhaltsanalyse hervor: die Kodiereinheit gibt den minimalen Textbestandteil vor, der ausgewertet werden darf. Ergänzend legt die Kontexteinheit fest, welche Informationen für die Kodierung verwendet werden dürfen und die Auswertungseinheit „definiert die Materialportion, der ein Kategoriensystem gegenübergestellt wird (ganzes Material, Materialteile, Mehrfachkodierungen etc.)" (Mayring & Fenzl, 2019, S.

636). Die Systematik unterstützt in der Überprüfung durch andere Personen, da die Kriterien klar bezeichnet sind. Für die Überprüfung werden zwei zentrale Gütekriterien verwendet:

- Intrakoderübereinstimmung: nach dem Abschluss einer Analyse wird diese wiederholt. Dabei werden die zuvor angewendeten Kategorisierungen nicht angesehen.
- Interkoderübereinstimmung: nach dem Abschluss einer Analyse wird diese wiederholt. Die Wiederholung erfolgt durch einen zweiten Kodierer.

Durch Übereinstimmung zwischen der ersten und der zweiten Analyse wird das Kriterium der Objektivität erfüllt. Bei nicht vollständiger Übereinstimmung sind Abweichung in der Interpretation häufig das Motiv. Diese Abweichungen dienen dann zur Diskussion „über die angemessene Kodierung" und die Bereinigung des Datensatzes (Mayring & Fenzl, 2019 S. 637).

Die folgende Abbildung verdeutlicht das Vorgehen nochmals:

Abbildung 1. Ablaufmodell einer qualitativen Inhaltsanalyse

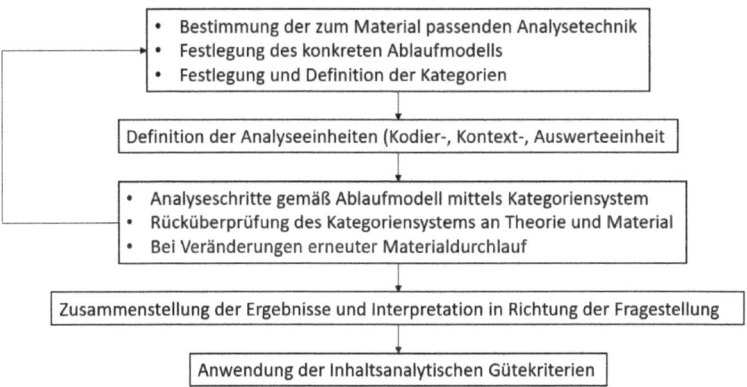

Quelle: Eigene Darstellung in Anlehnung an: Katholische Universität Eichstätt-Ingolstadt, o. J.

Neben den positiven Aspekten der qualitativen Inhaltsanalyse mit der Bearbeitung von großen Mengen an Material und ihrer realitätsnahen Subjektivität werden auch Nachteile dieser Methode offensichtlich.

So kann das voreilige Bilden von Kategorien zu verlorenen Informationen führen. Weiterhin ist der Vorteil der realitätsnahen Subjektivität auch gleichzeitig ein Nachteil. Durch die subjektive Interpretation ist eine Analyse nur schwer prüfbar (Katholische Universität Eichstätt-Ingolstadt, o. J.).

Eine umfassende und ausführliche Betrachtung muss hierzu mit weiterführender Literatur erfolgen.

3.2 Erhebungsmethode: quantitative Forschung

3.2.1 Überblick über die quantitative Befragung

Die quantitative Forschung folgt automatisch dem deduktiven Vorgehen. Darunter wird das Überprüfen von Hypothesen anhand einer umfangreichen Datenmenge verstanden. Für die Beschaffung dieser Daten wird zwischen standardisierter und nicht-standardisierter Forschung unterschieden. Die Erhebung erfolgt vorrangig durch die Methode der Befragung.

Standardisieren bedeutet „[nach einem genormten Muster] vereinheitlichen" (Duden, o. J.). Vorteile der Standardisierung sind die Vereinfachung und Beschleunigung von Forschungen. Außerdem werden die gleichbleibende Qualität und die Vergleichbarkeit der Ergebnisse gesichert. Durch diese wiederum erfolgt die Generalisierbarkeit[5] und Repräsentativität[6] der Gesamtstudie (Möhring & Schlütz, 2019, S. 4). Um diese Ziele zu erreichen, muss der Fragebogen von dem Interviewenden strikt eingehalten werden. Die Offenheit für Abweichung von diesem ist somit nicht gegeben (Möhring & Schlütz, 2019, S. 4). Beispielhaft für die standardisierte Befragung ist das persönliche Interview, eine Telefonumfrage oder auch ein Fragebogen (Möhring & Schlütz, 2019, S. 6).

Das Gegenteil der vollstandardisierten Forschung ist das nicht-standardisierte Vorgehen. Hierbei wird das offene Vorgehen sowohl von Interviewer als auch von Seiten der befragten Person in den Mittelpunkt gestellt. Somit ist die nicht-standardisierte Forschung unter den qualitativen Methoden zu bewerten. Es werden die subjektiven und individuellen Ansichten in den Mittelpunkt gestellt. Dies befähigt zu einer tieferen Betrachtung. Allerdings hat dies zum Nachteil, dass weniger Fälle als bei der standardisierten Forschung betrachtet werden können (Möhring & Schlütz, 2019, S. 5).

---

[5] Verallgemeinerbarkeit
[6] Als Einzelne typisch für eine Gruppe

Zwischen den Extremformen der standardisierten und der nicht-standardisierten Forschung sind verschiedene halb-standardisierte Methoden einzuordnen. Hierzu zählt beispielsweise das Leitfadeninterview. Durch eine vorgegebene Struktur sind diese miteinander vergleichbar, allerdings kann der Interviewende die Leitfragen nach Gesprächsverlauf in der Reihenfolge und Formulierung anpassen.

Eine weitere Methode, welche der Halb-Standardisierung zugeordnet wird, ist das Gruppeninterview. Der Interviewende hat die Funktion des Moderators und stellt keine einzelnen Fragen. Durch die Moderation wird die Gruppe angeregt, über einen Sachverhalt oder einen Gegenstand zu diskutieren (Möhring & Schlütz, 2019, S. 5).

3.2.2 Zielgruppe und Rekrutierung

Für die Auswahl der Zielgruppe und deren Rekrutierungsprozess muss zunächst die Grundgesamtheit definiert werden. Diese gibt „die Anzahl der statistischen Einheiten [an], zu denen eine Aussage getroffen werden soll" (Statista, o. J.). Beispielsweise können als Grundgesamtheit alle männlichen Personen in Baden-Württemberg zwischen 20-30 Jahre festgelegt werden. Aufgrund des Umfangs wird die Grundgesamtheit oft nicht berücksichtigt. Zudem sind sowohl die Fehleranfälligkeit als auch die Kosten sehr hoch. Es kann also nur ein Teil der relevanten Personen befragt werden. Diese Teilerhebung wird als Stichprobe bezeichnet. Durch die geringere Menge an zu befragenden Personen erfolgt die Senkung der Kosten, weniger Aufwand für die Organisation der Erhebung, schnellere Durchführbarkeit und eine höhere Genauigkeit sowie eine geringere Fehleranfälligkeit. Ziel der Stichproben ist eine Übertragung des Ergebnisses auf die Grundgesamtheit. Diese Erfüllung durch Repräsentativität wird Inferenzschluss genannt (Möhring & Schlütz, 2019, S. 23-25).

Eine Stichprobe ist repräsentativ, wenn die Stichprobe ein „verkleinertes Abbild der Grundgesamtheit" (Möhring & Schlütz, 2019, S. 25) ist. Neben dieser Anforderung müssen außerdem „ihre Elemente [...] definiert sein, das Auswahlverfahren [...] muss angebbar sein sowie bestimmte Voraussetzungen erfüllen, und es dürfen keine systematischen Ausfälle auftreten" (Möhring & Schlütz, 2019, S. 25). Die Überprüfung der Repräsentativität ist durch die seltene Bekanntheit der wahren Verteilung aller Merkmale der Grundgesamtheit kaum möglich.

Die globale Repräsentativität, also die proportionale Verteilung aller Merkmale der Grundgesamtheit in der Stichprobe, kann nur durch eine Zufallsauswahl erreicht werden. Hierzu werden mathematische Grundlagen verwendet.

Bei der spezifischen Repräsentativität wird diese auf bestimmte Merkmale beschränkt. Es wird somit nur die Verteilung von forschungsrelevanten Merkmalen betrachtet. Die Kenntnis und Kontrolle der relevanten Merkmale ist hierfür Voraussetzung (Möhring & Schlütz, 2019, S. 25).

Die Repräsentativität wird eingeschränkt durch falsche Bestimmung der Grundgesamtheit (coverage error), misslungene Auswahl (sampling error) oder durch die Nicht-Teilnahme aller ausgewählten Personen (response error) (Möhring & Schlütz, 2019, S. 27).

Zentraler Unterscheidungspunkt bei dem Auswahlverfahren von Stichproben, ist die Unterscheidung in zufallsgesteuerte und nicht zufallsgesteuerte Auswahlverfahren. Neben den verschiedenen Vor- und Nachteilen grenzen sie sich in ihrer Repräsentativität ab. Eine tiefergehende Betrachtung der einzelnen Auswahlverfahren ist anhand von weiterführender Literatur durchzuführen.

Abbildung 2. Auswahlverfahren in der Befragung

Stichproben-Auswahlverfahren			
zufallsgesteuert		nicht zufallsgesteuert	
einstufig	mehrstufig	willkürlich	bewusst
• Einfache Zufallsauswahl • Systematische Zufallsauswahl	• Geschichtete Auswahl • Klumpenauswahl • Kombinationsverfahren	• Convenience Sample • Schneeballverfahren	• Quota-Verfahren

Quelle: Möhring & Schlütz, 2019, S. 26

3.2.3 Aufbau und Erstellung des Fragebogens

Die Problematik der standardisierten Befragung besteht in der systematischen und regelgeleiteten Anwendung. Durch die erhebliche Reaktivität[7] der Befragung kann es zur Änderung des Verhaltens von den Befragten kommen. Somit ist die Gültigkeit der Forschung eingeschränkt. Eine vollumfängliche Verhinderung der Reaktivität ist nicht möglich. Aus diesem Grund ist dies auch bei der Erstellung des Fragebogens zu berücksichtigen (Möhring & Schlütz, 2019, S. 7).

---

[7] Reaktion auf einen Reiz auftretend

Zur Beantwortung einer Frage erfolgt ein kognitiver Prozess. Das „Ziel der Formulierung von Fragen und Antwortvorgaben sowie der Fragebogendramaturgie ist die Optimierung und Standardisierung dieses Prozesses." (Möhring & Schlütz, 2019, S. 70). Der Prozess besteht aus mehreren Schritten, welche der Abbildung 3 entnommen werden können.

Abbildung 3. Der kognitive Antwortprozess

Quelle: Eigene Darstellung in Anlehnung an: Möhring & Schlütz, 2019, S. 70

Zum richtigen Verständnis der Frage (Schritt 1) muss diese exakt formuliert sein. Für die Zusammenfassung der Antworten bei einer standardisierten Befragung müssen alle Befragten die Frage gleich verstehen. Dies gilt gleichzeitig auch für die Antwort.

Zur Beantwortung der Frage muss sich der Befragte an das Ereignis oder die Verhaltensweise erinnern (Schritt 2). Somit können nur Dinge erfragt werden, die die Befragten wissen. Zur Unterstützung können Fragen Erinnerungshilfen beinhalten. Dies sind z. B. gruppierte Antwortvorgaben oder auch ein zeitlicher Referenzrahmen. Auch die Beantwortung der Möglichkeit mit keiner Meinung muss durch die Frage dargestellt werden können.

Zur Zusammenfassung der erinnerten Sachverhalte werden die Antworten häufig geschätzt (Schritt 3). Für die Erfragung des Verhaltens gibt es die Vorgehensweise der Frequency-Frage und die Recency-Formulierung. Die Frequency-Frage ermittelt das durchschnittliche Verhalten. Durch die Receny-Frage wird das Verhalten an einem Stichtag festgestellt.

Bevor dann eine Antwort gewählt wird, wird sie an das Format, welches im Fragebogen vorgegeben ist, angepasst (Schritt 4) (Möhring & Schlütz, 2019, S. 70-73).

Es gibt nach Möhring und Schlütz (2019) unterschiedliche Arten von Fragen (S. 73):

- Geschlossene oder offene Fragen: die Antworten sind vorgegeben oder die Fragen können frei beantworten werden.
- Art der Antwortvorgabe bei geschlossenen Fragen: zum Beispiel Ratingfrage (der Interviewte bewertet etwas anhand einer Rating-Skala) oder Listenfrage (viele Antwortalternativen als Liste).
- Frageninhalt: Erfassung von Wissen, Meinung oder Verhalten.
- Position der Fragen im Fragebogen: die Positionen der Fragen haben Auswirkungen auf ihre Funktion beispielsweise als Eisbrecher- oder Übergangsfragen.

Wichtig neben der Formulierung und Art der Frage ist die Position der Frage im Fragebogen. Die „Fragebogendramaturgie" ist die Konstruktion des Fragebogens, also die Anordnung der einzelnen Fragen. Durch diese soll das Verweigerungs- und Abbruchpotenzial verringert werden. Maßgeblich sind dafür Fragetypen mit ihrer unterschiedlichen dramaturgischen Funktion. So dienen beispielsweise zuerst gestellte Fragen als Erklärung, Filter oder Übergang (Möhring & Schlütz, 2019, S. 109-110). Beispielhaft werden drei Fragetypen mit ihren dramaturgischen Funktionen vorgestellt (Möhring & Schlütz, 2019, S. 111):

- Einstiegs-/Eisbrechfragen: sind zum Einstieg und der Erzeugung einer Interviewbasis. Sie müssen einfach zu beantworten und Interesse erzeugen. Dazu eigenen sich vor allem offenen Fragen.
- Übergangsfragen: zur Einleitung eines Themenwechsels.
- Motivationsfragen: zur Erhöhung der Antwortbereitschaft, der Stärkung des Selbstbewusstseins oder dem Abbau von Hemmungen.

Durch den strategischen Aufbau können die verschiedenen Fragetypen ihre volle Kraft entfalten. Dazu ist ein abwechslungsreicher und spannender Fragebogen von wesentlicher Bedeutung.

Vorab ist ein Anschreiben zu verfassen, welches den Befragten zur Teilnahme motiviert.

Durch eine interessante und einfache Eisbrecherfrage wird anschließend der Einstieg geschaffen.

Diesem folgt der Anfang der Befragung, bei welchem spontane Antworten erreicht werden möchten. Eine Beeinflussung durch die Befragungssituation oder andere Fragen ist nicht erwünscht.

Die Mitte der Befragung ist geprägt von Fragen zu komplexen Themen.

Als Puffer werden nach diesen fordernden Fragen einfache Fragen gestellt.

Das Ende der Befragung erfolgt durch persönliche Fragen wie zu den Charaktereigenschaften oder Persönlichkeitsmerkmalen. Durch Desinteresse, Ermüdung oder sonstige Gründe in diesem Abschnitt abgebrochene Befragungen haben keine Auswirkungen auf bisher gegebene Antworten. Diese werden somit oft trotzdem verwendet.

Der Ausstieg aus der Befragung erfolgt durch die Danksagung und vereinzelt durch eine offene Schlussfrage (Möhring & Schlütz, 2019, S. 112-116).

Bei dem Aufbau des Fragebogens ist auch die Position der Fragen von Bedeutung. Fragen, welche sich gegenseitig beeinflussen, müssen in möglichst großem Abstand zueinander gestellt werden. Das Beeinflussen von nachfolgenden Fragen durch vorherige Fragen wird Kontextverhalten genannt. Dies bedeutet, dass durch eine vorangegangene Frage die nachfolgende Frage in einen anderen Sinnzusammenhang gesetzt wird und dadurch eine andere Antwort erfolgt, als wenn dieser nicht aufgetreten wäre (Möhring & Schlütz, 2019, S. 118).

3.2.4 Auswertung des Fragebogens

Nach der Durchführung der Befragung folgt die Auswertung. Hierzu werden heutzutage unterschiedliche Statistikprogramme genutzt. Als die bekanntesten zu nennen sind SPSS, Stata und R.

Das SPSS (Statistical Package for the Social Sciences) gehört seit 2009 zu der International Business Machines Corporation (IBM), einem US-amerikanischem IT-Unternehmen. SPSS wurde 1960 an der Univerity of Standford entwickelt. Aktuell wird es unter dem Namen IBM SPSS Statistics vermarkt. Neben dem Basismodul für das wesentliche Datenmanagement gibt es weitere Module. Diese sind für fortgeschrittene Analyseverfahren entwickelt. Für SPSS Spezialisten ist die Bedienung nicht nur über das Menü, sondern auch über die Befehlssprache möglich (Tausendpfund, 2019, S. 6).

Das Programm Stata wird von dem eigens dafür gegründeten Unternehmen StatCorp vertrieben. Veröffentlicht wurde es 1985. Wie auch bei SPSS können in das Basisprogramm auch Erweiterungen eingespielt werden (Tausendpfund, 2019, S. 7).

Als Ausnahme gegenüber den zwei bisher vorgestellten Programmen ist das Statistikprogramm R zu nennen. Als Open-Source-Programm ist es kostenlos verfügbar. Allerdings werden für die Nutzung Spezialkenntnisse vorausgesetzt, da die Bedienung fast vollständig über die Befehlssprache erfolgt. Auch bei diesem Programm kann durch verschiedene Erweiterungen der Leistungsumfang deutlich erweitert werden. Durch die kostenfreie Nutzung und die flexible Erweiterung hat R eine große Anzahl an Nutzern (Tausendpfund, 2019, S. 7).

Die uni-, bi- und multivariate Analysemethoden, welche mit den genannten Programmen durchgeführt werden können, sind in der nachfolgenden Tabelle aufgeführt:

Tabelle 3. Überblick über uni-, bi- und multivariate Analysemethoden

Analysemethode		Ziel	Verfahren
Univariat = eine Variable		Analyse einer Variablen	Häufigkeiten, Mittelwerte, Anteilswerte, Streuungsmaße
Bivariat = zwei Variablen		Zusammenhangsanalyse von zwei Variablen	Kreuztabellen, Korrelation, Mittelwertvergleich
Multivariat = mehr als zwei Variablen	Strukturenprüfend Strukturenentdeckend	Überprüfung von Zusammenhängen die auf theoretischen Überlegungen basieren Entdeckungen von Zusammenhängen	Partielle Korrelation, Varianzanalyse Faktorenanalyse, Clusteranalyse

Quelle: Eigene Darstellung in Anlehnung an: Raithel, 2008, S. 119

3.3 Erhebungsmethode: qualitative Forschung

3.3.1 Überblick über die qualitative Erhebung

Auch die qualitative Forschung bietet mehrere Methoden zur Erhebung von Daten. die nachfolgenden sind insbesondere aufgrund ihrer weiten Verbreitung zu nennen (Meyen, Löblich, Pfaff-Rüdiger & Riesmeyer, 2019, S. 53).

Tabelle 4. Übersicht der verschiedenen Erhebungsmethoden

	Ziel	Teilnehmer	Ort	Reaktivität	Kanal
Leitfadeninterview	Sinn im Kontext: Biografie, Alltag, Familie, Job	Menschen, die bereit und fähig sind, über das Thema zu reden	Natürliches Umfeld: zuhause, online, am Arbeitsplatz	Hoch (persönlich): Vertrauen nötig	Persönlich, online, telefonisch
Tagebuch	Sinn und Handlungsabläufe	Menschen, die gerne schreiben	Alltag	Mittel: Schreiben für den Forscher, ohne ihn zu sehen	Schriftlich
Experteninterview	Exklusives Wissen	Träger von Wissen	Natürliches Umfeld: zuhause, online am Arbeitsplatz	Niedrig: Statusunterschied	Persönlich, online, telefonisch

Quelle: Eigene Darstellung in Anlehnung an Meyen, Löblich, Pfaff-Rüdiger & Riesmeyer, 2019, S. 53

Aufgrund des in Kapitels 4 durchgeführten Experteninterviews, muss der Unterschied zwischen Leitfaden- und Experteninterview verdeutlicht werden.

Beide Interviewformen beinhalten die Durchführung anhand eines Leitfadens. Das Experteninterview ist jedoch auf „Träger exklusiven Wissens – auf Menschen, die etwas erzählen können, was noch nirgendwo aufgeschrieben ist" spezialisiert (Hoffmann, 2017, S. 313-320). Dagegen ist es im Leitfadeninterview nicht von Bedeutung welche Person genau befragt wird. Aus diesem Grund sind Experten nur zu kontaktieren, wenn keine Veröffentlichung vorhanden ist, welche die zu stellenden Fragen schon beantwortet (Meyen, Löblich, Pfaff-Rüdiger & Riesmeyer, 2019, S. 55).

Auch das Tagebuch ist eine Befragungsform aufgrund der immer wiederkehrenden Beantwortung weniger Fragen. Als große Stärke dieser Methode ist die zeitnahe Protokollierung zu nennen, welche der Unabhängigkeit des Gedächtnisses und den Verhaltensnormen des Befragten dient (Meyen, Löblich, Pfaff-Rüdiger & Riesmeyer, 2019, S. 55).

3.3.2 Auswahl des Interviewpartners

Für die Auswahl des Interviewpartners sind mehrere Kriterien von Wichtigkeit. Man unterscheidet die Anzahl der Befragten, den Kanal sowie den Modus.

Die Anzahl der Befragten kann beispielsweise unterschieden werden in Einzel- oder Paargespräch. Der Kanal bezeichnet die Erhebungsplattform. Das Interview kann persönlich, telefonisch oder anderweitig erfolgen. Der Modus unterscheidet in die mündliche oder schriftliche Erhebungsform.

Fast alle Ausprägungen lassen sich miteinander kombinieren. Neben einem telefonischen Einzelgespräch lässt sich dieses beispielsweise auch persönlich durchführen. Hier erfolgt also eine Änderung des Kanals.

Die Kriterien beeinflussen verschiedene Einzelheiten:

- den Kreis der erreichbaren Personen [...],
- den Grad der Reaktivität [...],
- den (organisatorischen und emotionalen) Aufwand für die Befragten,
- die Informationen, die man über den einzelnen Teilnehmer bekommt,
- die Vorbereitung der Interviewer." (Meyen, Löblich, Pfaff-Rüdiger & Riesmeyer, 2019, S. 79).

Die Befragungsform beziehungsweise -kombination ist durch folgende Kriterien bestimmt (Meyen, Löblich, Pfaff-Rüdiger & Riesmeyer, 2019, S. 80):

- Erkenntnisinteresse: welche Informationen möchte ich?
- Zielgruppe: welche Zielgruppe soll befragt werden?
- Ressourcen: welche Mittel und wie viel Zeit steht zur Verfügung?
- Persönliche Vorlieben: welche präferierte Befragungsart habe ich?

Sowohl die online als auch die offline Erhebung von Befragungen hat ihre Vorteile.

Die offline Erhebung hat die Vorteile der Wissenslieferung durch das Umfeld des Interviewten wie Kleidung, materielle Situation et cetera, sowie die Signalwirkung des Interviewers an den Interviewer für dessen Wichtigkeit. Schließlich nimmt sich der Forscher die Zeit für ein persönliches Interview (Meyen, Löblich, Pfaff-Rüdiger & Riesmeyer, 2019, S. 80).

Die Vorteile der online Befragung liegen in der Reaktivität und in der Erreichung von Menschen, die im realen Leben schwer oder nicht zugänglich sind. Die Reaktivität ist vor allem bei Personen, welche durch das Wissen der Beobachtung eine Verhaltensänderung erzeugen, ein großer, zu berücksichtigender Faktor. Außerdem wird durch den Einsatz von Technik die Befragungsgruppe vergrößert. Personen, die weit entfernt leben oder aufgrund von sozialer Schicht, körperlicher Beeinträchtigung oder psychologischer Auffälligkeiten nicht an einer offline Befragung teilnehmen, können so interviewt werden (Meyen, Löblich, Pfaff-Rüdiger & Riesmeyer, 2019, S. 81).

3.3.3 Aufbau und Erstellung des Interviewleitfadens

Der Interviewleitfaden einer qualitativen Befragung ist gleichbedeutend mit dem Fragebogen einer quantitativen Studie. Die Qualität eines Interviews ist von ihm abhängig (Meyen, Löblich, Pfaff-Rüdiger & Riesmeyer, 2019, S. 85).

Die Liste enthält Fragen und Anweisungen an den Interviewer, welche ausformuliert und in einer bestimmten Reihenfolge aufgelistet sind. Durch sie werden alle Themen der Befragung berücksichtigt. Außerdem erhält der Interviewer durch die Auflistung die Sicherheit, dass nichts vergessen wird. Dies dient als Wissens-Stütze (Meyen, Löblich, Pfaff-Rüdiger & Riesmeyer, 2019, S. 85).

Der Aufbau des Leitfadens orientiert sich an den folgenden Schritten (Meyen, Löblich, Pfaff-Rüdiger & Riesmeyer, 2019, S. 86):

- Festlegung der Themen
- Operationalisierung: Formulierung der Haupt- und Unterfragen
- Komposition: Festlegung der Reihenfolge

Die Festlegung der Themen erfolgt anhand des Interviewthemas und dem theoretischen Hintergrund.

3.3.4 Durchführung und Auswertung des Interviews

Zu Beginn des Interviews wird neben der Vorstellung des Interviewers und der Erklärung der organisatorischen Einzelheiten auch die Erwartungshaltung formuliert. Diese Informationen werden schon bei der Terminvereinbarung an den Befragten zum Abbau von Misstrauen o. ä. und zur Vorbereitung kommuniziert, sollen aber durch die Wiederholung nochmals in das Gedächtnis gerufen werden. Exakte Formulierungen der Fragen werden dabei nicht publiziert.

Wie auch bei der quantitativen Erhebung wird zum Einstieg eine Eisbrecherfrage genutzt. Dies ist beim qualitativen Interview meist eine offene Frage, bei welcher der Befragte über sich selbst erzählt (Meyen, Löblich, Pfaff-Rüdiger & Riesmeyer, 2019, S. 85-93).

Nach der Durchführung der Befragung folgt das Schreiben des Interviewprotokolls. In diesem werden Erzählungen nach Abschaltung des zur Aufnahme des Interviews verwendeten Tonbands und andere Gegebenheiten, welche zum Verständnis des Gesprächs nötig sind, erfasst. Zu vermerken sind somit die Angaben zur Person und deren Rekrutierung als auch eine Beschreibung der Interviewsituation und der Atmosphäre.

Die Transkription, die Verschriftlichung des Interviews, wird zeitnah nach dem Interview ausgeführt. Der Inhalt des Interviews ist noch präsent, wodurch die Transkription leichter fällt. Zur Nachvollziehbarkeit werden die Tonbänder anschließend verwahrt (Meyen, Löblich, Pfaff-Rüdiger & Riesmeyer, 2019, S. 108-109).

Zur Auswertung des Interviews werden, wie in Kapitel 3.1. beschrieben, Kategorien gebildet, in welche die Antworten zu den verschiedenen Aussagen eingeordnet werden.

3.4 Quantitative vs. Qualitative Erhebung

Anhand der Kapitel 3.2 und 3.3 kann ein Vergleich zwischen der qualitativen und quantitativen Forschung gezogen werden. Der qualitative Ansatz lässt eine größere Offenheit und Flexibilität zu. Im Mittelgrund steht die subjektive Antwort. Durch diese erhöht sich die Validität des Inhalts und gleichzeitig steigert sie den Informationsgehalt der Ergebnisse.

Verwendung finden die qualitativen Methoden bei Erhebungen, welche individuelle Meinungen und ausführliche Beschreibungen benötigen. Dies ist beispielsweise für Analysen von Bedarfsveränderungen oder auch zur Generierung von Ideen wichtig.

Das Ziel der qualitativen Forschung ist somit die Nachvollziehbarkeit des Verhaltens selbst als auch deren Ursachen. Ein weiterer großer Unterschied besteht in der Erstellung der zu überprüfenden Hypothese. Sie wird in der qualitativen Methodik während der Erfassung der Daten erstellt.

Bei der quantitativen Forschung erfolgt die Hypothesenerstellung dagegen vor Sammlung der Daten. Es erfolgt bei der Auswertung somit lediglich eine Überprüfung der Hypothese.

Im Gegensatz zu dem qualitativen Ansatz werden standardisierte Methoden verwendet, um eine Vergleichbarkeit der Daten zu gewährleisten. So können objektive Daten über einen Zeitraum verglichen und Entwicklungen erkannt werden.

Zur übersichtlichen Darstellung der Vor- und Nachteile der qualitativen und quantitativen Methoden dient die folgende Tabelle:

Tabelle 5. Vor- und Nachteile der quantitativen und qualitativen Methoden

	Vorteile	Nachteile
Quantitative Methoden	• Exakt quantifizierbare Ergebnisse • Möglichkeit, eine große Stichprobe zu untersuchen und damit repräsentative Ergebnisse zu erhalten • Geringere Kosten und Zeitaufwand	• Keine Flexibilität durch Standardisierung • Keine Ermittlung der Ursachen • Kein Erhalt von Verbesserungsvorschlägen
Qualitative Methoden	• Flexible Anwendung der Methode, Methode passt sich an den Untersuchungsgegenstand an • Offenheit ermöglicht die Entdeckung von neuen Sachverhalten • Wahre und vollständige Informationen durch die subjektive Sicht	• Zeit- und Kostenintensiv • Auswertung aufwendig • Keine Ableitung von zahlenmäßigen Mengenangaben möglich

Quelle: Eigene Darstellung in Anlehnung an Winter, 2000.

4 Forschungsergebnisse

4.1 Literaturrecherche

Zur Literaturrecherche werden die einschlägigen Quellen durchsucht. Neben der Suche bei Springer Professional, Google Scholar und Google Books findet auch eine Suche von Literatur in der Bibliothek der Hochschule Neu-Ulm statt. Für die Suche werden Stichworte wie „Entrepreneurial Marketing", „junge Unternehmen", „neu gegründete Unternehmen" und „Auswirkung Digitalisierung" in Verbindung mit den Begriffen „Marketing" und „Werbung" o. ä. verwendet. Weitere Stichworte sind „Konsumentenverhalten" und auch „Kaufverhalten". Als „Entrepreneur" wird ein Unternehmer bezeichnet, welcher nicht nur die klassischen Funktionen eines Inhabers hat, sondern auch innovativ ist. Er hat also eine besondere Persönlichkeit, nach welcher er aktiv gestaltet und große Verantwortung sowie Risiken trägt (Gründerszene Lexikon, o. J.).

Nach Sichtung des jeweiligen Inhaltverzeichnisses der Literatur folgt die genauere Prüfung des zu berücksichtigenden Kapitels.

Die im Folgenden ausgeführte Literatur ist von hoher Relevanz für das in dieser Bachelorarbeit bearbeitete Thema.

Nach der Global Pricing Study von 2014, welche von Simon Kucher & Partners durchgeführt wird, werden bei drei von vier Neuprodukten die Gewinnziele verfehlt. Für diesen Umstand machen 77% der Manager unter anderem das fehlende Marketing im Innovationsprozess verantwortlich (Simon Kucher & Partners, 2014).

Marketing nimmt im Entrepreneurship eine bedeutende Rolle in der Unternehmensführung ein. So verweisen Meffert, Burmann, Kirchgeorg und Eisenbeiß auf die Ausrichtung des Unternehmens „auf die Bedürfnisse aktueller und potenzieller Kunden" (2019, S. 13). Dies wird gefördert durch die fortschreitende Professionalisierung bei Austauschprozessen (2019, S. 3). Das sich immer steigernde Angebot an Waren und Dienstleistungen führt zu einem immer intensiveren Wettbewerb zwischen den Anbietern. Es handelt sich also um einen Käufermarkt. Dieser ist gekennzeichnet durch mehr Angebot als Nachfrage (Meffert, Burmann, Kirchgeorg, & Eisenbeiß, 2019, S. 6).

Durch den „Werte- und Bedürfniswandel der Konsumenten, die Globalisierung der Märkte, der technologische Fortschritt und konjunkturelle Entwicklungen" verändern sich die Märkte stetig. So muss jeder Anbieter auch laufend seine Wettbewerbsvorteile schaffen. Nach Porter ist die Überlebensfähigkeit von Unternehmen durch folgende Wettbewerbsvorteile möglich (2000, S. 251):

- Kostenführerschaft: der kostengünstigste Hersteller.
- Differenzierung: Einzigartigkeit aus Käufersicht.

Die Einflüsse auf die sich verändernden Märkte, verändern auch das Konsumentenverhalten (Weuthen, 2019, S. 108).

Insbesondere die Digitalisierung ist hier treibend. So gaben 2014 in einer Umfrage von Accenture's Global Consumer Pulse Research 88% der Konsumenten an, im Internet gekauft zu haben. 41% fordern weitere Möglichkeiten das Internet für den Kauf zu nutzen (Accenture's, 2014). So ist es dem Kunden möglich, das gewünschte Produkt im Geschäft oder online zu kaufen. Auch der Vergleich von Preisen und der Ausstattung ist einfacher und schneller zu erledigen und führt zu einem gezielteren Einkauf. Dazu hat der Kunde die Möglichkeit, das Produkt im Handel vor Ort zu prüfen und es sich später zum besten Preis liefern zu lassen (BONAGO, 2016).

Die Digitalisierung dauert inzwischen ca. 20 Jahre an. Sie wird in drei Wellen unterteilt, welche zu einem sich immer erheblich veränderten Kaufverhalten beigetragen haben.

Durch die Verbreitung des Internets und der Entwicklung sozialer Netzwerke wurde die Suche nach Produkten selbstständig, zu jeder Zeit und weltweit möglich.

Die zweite Welle der Digitalisierung ermöglicht durch Smartphones und das mobile Netz die Interaktivität der ersten Welle an jedem beliebigen Ort. Die Erwartungen der Konsumenten steigen dadurch permanent.

Sowohl das Shopping-Erlebnis als auch die Abstimmung zwischen online und offline stehen im Mittelpunkt. Durch die Digitalisierung hat der Handel die Möglichkeit, die entsprechenden Nutzungsdaten der Kunden auszuwerten und zu verwenden. So ist das Angebot von personalisierten Produkten, Kommunikation und Diensten möglich (Weuthen, 2019, S. 110).

In der Studie „Connected Commerce 2015" gaben ca. 91% der Personen die Nutzung von mindestens einem sozialen Netzwerk in den letzten 30 Tagen an. Rund 43% teilten mehrmals in den vergangenen 30 Tagen ihre gekauften Produkte in sozialen Netzwerken. Die durch die sozialen Medien beeinflussten Kaufentscheidungen betrugen 50% im Durchschnitt und 70% bei den 18- bis 34-Jährigen. Neben verschiedenen Websites, durch welche Marken vertrieben werden (46%) und dem Austausch mit Freunden (20%), waren in 11% der Fälle die Internetauftritte der Marke die erste Informationsquelle. Wichtig ist allerdings auch weiterhin das lokale Geschäft. So informieren sich 16% der Kunden offline zu einem Produkt (DigitasLBI, 2015).

Abbildung 4. Erste Informationsquellen nach Berührungspunkten

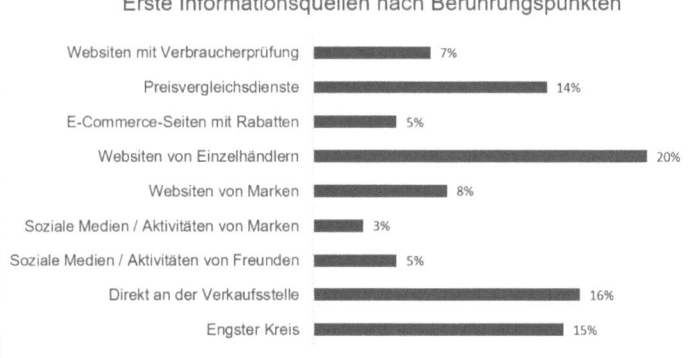

Quelle: Eigene Darstellung in Anlehnung an DigitasLBI, 2015.

Die Leidenschaft für das eigene Unternehmen und deren Lösungen unterdrückt oft das Verständnis für die Bedürfnisse, Probleme und Denkweisen von Kunden. Demzufolge werden die Vorteile der Leistung des Unternehmens oft nicht verständlich und sichtbar für den Kunden dargestellt (Freiling, Harima, 2019, S. 241).

Neben der Wahrnehmung des Unternehmens durch den Kunden ist auch die Einstellung des Unternehmens zum Marketing von großer Bedeutung. So gaben 2018 19% von jungen Unternehmen an, für Marketing externe Beratung in Anspruch zu nehmen (PricewaterhouseCoopers GmbH, 2018, S. 14). Zusätzlich dazu werden von 16% der jungen Unternehmen Online Marketing Spezialisten gesucht (PricewaterhouseCoopers GmbH, 2018, S. 16). Rund 47% investierten in 2018 vorrangig in Marketing- und Werbemaßnahmen. Dies noch vor neuen Mitarbeitern

(41%) und neuen Technologien (27%) (PricewaterhouseCoopers GmbH, 2018, S. 34).

Abbildung 5. Investitionsplanung 2018

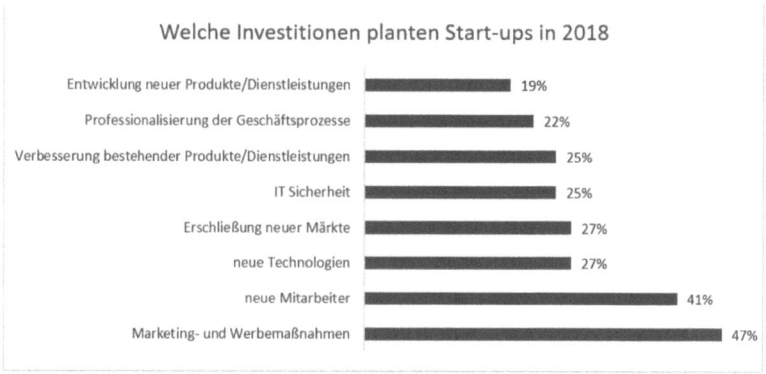

Quelle: Eigene Darstellung in Anlehnung an PricewaterhouseCoopers GmbH, 2018, S. 34

4.2 Erhebungsmethode: quantitative Forschung

Die quantitative Forschung erfolgt anhand einer Onlineumfrage.

Bezugnehmend auf Kapitel 3.2.2. wird hierzu erst die Grundgesamtheit bestimmt. Um eine repräsentative Stichprobe zu erhalten, wird die Personenanzahl auf die Teilnahme von mindestens 100 Personen festgelegt. Aufgrund der Verbindung zwischen dem Erwerb von Produkten mit der Geschäftsfähigkeit, sind alle Personen ab sieben[8] Jahren angesprochen.

Zur Ermöglichung des Inferenzschlusses, wird die Umfrage sowohl online in sozialen Netzwerken und per Mail beworben, als auch der Link an Personen aus dem Umfeld weitergegeben. Dies fördert die Repräsentativität durch die zufallsgesteuerte Auswahl. Die Umfrage wird für 13 Tage im Internet zur Verfügung gestellt. So können auch Personen teilnehmen, welche nur am Wochenende Zeit aufbringen können.

---

[8] In Deutschland ist die beschränkte Geschäftsfähigkeit ab sieben Jahren gegeben. Ab 18 Jahren besteht die volle Geschäftsfähigkeit. Davor kann von den Eltern eine nachträgliche Einwilligung verweigert und somit der Kaufvertrag ungültig gemacht werden.

Die Fragestellung erfolgt anhand der vorher definierten Forschungsfrage nach der Bewertung des Einflusses des Erfolgsfaktors Marketing für junge Unternehmen. Auf das Brainstorming für die Inhalte der Fragen, folgt die exakte Formulierung dieser. Die vorgegebenen Antwortmöglichkeiten werden auf Erinnerungen, welche 30 Tage zurückliegen, begrenzt. Dies dient als Erinnerungshilfe. Aufgrund der vielen vorhandenen Einflüsse und damit verbundenen Eindrücke, werden Frequency-Fragen verwendet. Zur weiteren Vergleichbarkeit dient außerdem die durchgängige Nutzung von geschlossenen Fragen.

Die Fragebogendramaturgie mit ihren Eisbrecherfragen wird durch die demografischen Fragen am Anfang der Umfrage gebildet. Neben dem Geschlecht, dem Familienstand, dem höchsten Bildungsabschluss und dem Berufsstand wird auch das Alter abgefragt. Die Einteilung in die verschiedenen Altersstufen erfolgt anhand des Abstands von 10 Jahren.

Zum Übergang in die Fragestellungen, welchen Einfluss das Marketing auf das Kaufverhalten hat, dienen die Fragen nach diesem. Somit findet eine Reflektion des Kaufverhaltens statt.

Komplexe Fragen, wie nach der Anregbarkeit durch Werbung, folgen mittig des Fragebogens. Eine Auseinandersetzung mit der Thematik und die Verknüpfung zwischen Kaufverhalten und Marketing ist an dieser Stelle unumgänglich.

Als einfache Fragen folgt dann die Erhebung zu der Nutzung von sozialen Medien und die Bedeutung der Werbung in diesen. Durch die Fragen nach der Zufriedenheit mit Produkten wird abschließend der Ausstieg aus der Umfrage geschaffen.

Von 119 teilnehmenden Personen haben neun Personen die Umfrage nicht beendet. Davon sind zwei Personen nach den Eisbrecherfragen und sieben Personen kurz vor Ende der Umfrage ausgestiegen. Die Teilnehmer teilen sich in 53 männliche und 66 weibliche Personen auf.

Mit 52% ist über die Hälfte der teilnehmenden Personen zwischen 18 und 27 Jahre alt. Gefolgt von Mittlerer Reife und Fachhochschulreife ist das Abitur mit 52% der am meisten abgeschlossene Bildungsstand. 70% sind angestellt, 24% sind Schüler/Auszubildende/Studenten.

Zum Vergleich der Häufigkeit des Einkaufs mit oder ohne Anregung von Werbung, sind die Umfrageergebnisse als Tabelle aufgeführt. Hieraus lässt sich erkennen, dass die an der Umfrage teilnehmenden Personen ohne Anregung durch Werbung deutlich häufiger einkaufen als mit Anregung durch Werbung:

Tabelle 6. Häufigkeit des Einkaufs

Häufigkeit des Einkaufs	Einkauf aufgrund von Werbung	Einkauf ohne Anregung durch Werbung
Einmal pro Monat	38%	19%
Einmal pro Woche	14%	38%
Mehr als einmal pro Woche	3%	37%
Seltener	45%	6%

Quelle: Eigene Darstellung

Die Aufteilung des letzten Kaufs aufgrund von Werbung oder Empfehlung ist in nachfolgender Tabelle aufgeführt. Hervorzuheben ist der signifikante Unterschied, dass bei 40% der Teilnehmer der Einkauf aufgrund einer Empfehlung über 30 Tage zurück liegt. Der Kauf aufgrund von Werbung liegt nur bei 33% länger als 30 Tage zurück:

Tabelle 7. Letzter Kauf aufgrund von Werbung oder Empfehlung

Zeitpunkt des letzten Kaufs	Aufgrund von Werbung	Aufgrund von Empfehlung
Größer 30 Tage	33%	40%
Keine Angabe	4%	5%
Weniger als 7 Tage	21%	17%
Zwischen 7 und 30 Tagen	41%	38%

Quelle: Eigene Darstellung

Gleichzeitig gaben 57% an, dass Werbung für sie anregend wirkt und zum Kauf animiert. 43% empfinden Werbung somit nicht als anregend.

Die Prioritäten bei der Werbung sind klar ersichtlich. 41% der teilnehmenden Personen sehen den Produktnutzen als erste Priorität an. Dieser wird gefolgt von den Produkteigenschaften mit 34% und dem Produktaussehen mit 37%. Als letzte Priorität geben 39% die Qualität der Werbung als ausschlaggebendes Argument für den Kauf an.

Tabelle 8. Prioritäten von verschiedenen Punkten bei Werbung

	1. Priorität	2. Priorität	3. Priorität	4. Priorität
Qualität der Werbung	23%	14%	23%	39%
Produkteigenschaften	28%	34%	22%	16%
Produktnutzen	41%	29%	18%	12%
Produktaussehen	7%	23%	37%	33%

Quelle: Eigene Darstellung

Um gleichzeitig den Einfluss der Digitalisierung auf das Kaufverhalten zu ermitteln, sind in der Umfrage auch Fragen zu diesem Themenbereich enthalten.

38% der Personen gaben an, durch offline Werbung auf das Produkt, welches sie als letztes gekauft haben, aufmerksam geworden zu sein. Somit kauften 62% ihr letztes Produkt aufgrund von Onlinewerbung. Diese Erkenntnis deckt sich mit den Angaben zu der Nutzung der sozialen Medien. Diese nutzen 57% der Teilnehmer zwischen ein und drei Stunden pro Tag.

Abbildung 6. Zeit in den sozialen Medien pro Tag

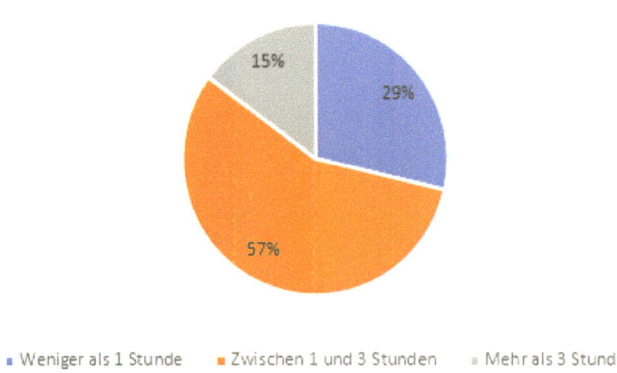

Quelle: Eigene Darstellung

Den Einkauf im Internet vollziehen 54% einmal im Monat. Mehr als einmal pro Woche kaufen 7% der teilnehmenden Personen.

Abbildung 7. Häufigkeit des Einkaufs im Internet

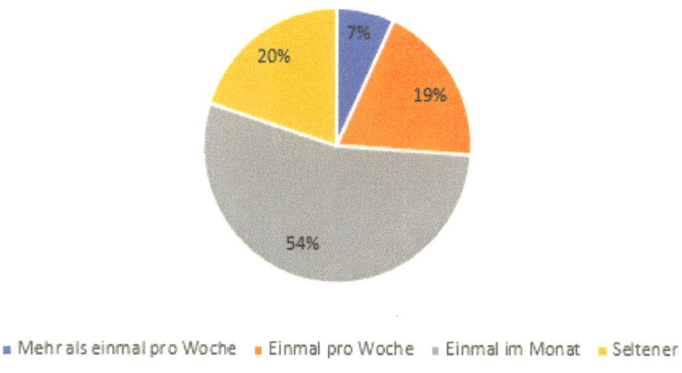

Quelle: Eigene Darstellung

Gleichzeitig findet Online-Werbung bei 72% der teilnehmenden Personen mehr Beachtung als Offline-Werbung. Dieselbe Verteilung ergibt sich auf die Frage, ob die befragte Person eine Werbung in den sozialen Medien angeklickt, dann aber nicht gekauft hat. Dagegen gaben 71% der Befragten an, durch Werbung in den sozialen Medien einen Kauf ausgeführt zu haben.

Abbildung 8. Kauf durch Werbung in sozialen Medien

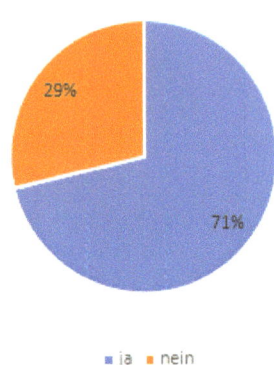

Quelle: Eigene Darstellung

Zum Abschluss der Befragung gaben 62% eine Zufriedenheit mit dem Produkt zwischen 50% bis 80%, welches sie durch Werbung gekauft hatten, an. Produkte, auf welche die Teilnehmer ohne Werbung aufmerksam wurden, ergaben bei 43% eine Zufriedenheit zwischen 50% und 80%. Ein deutlicher Unterschied ergibt sich in der Zufriedenheit mit dem Produkt zwischen 80% und 100%. Hier waren 48% der Teilnehmer an der Umfrage mit dem Produkt zufrieden, auf welches sie ohne Werbung aufmerksam wurden. Mit Produkten, durch welche die Befragten mit Werbung aufmerksam wurden, gaben nur 19% die Zufriedenheit zwischen 80% und 100% an.

Tabelle 9. Zufriedenheit von Produkten

Zufriedenheitsgrad	Durchschnittliche Zufriedenheit bei Produkten, auf welche die Personen durch Werbung aufmerksam wurden	Durchschnittliche Zufriedenheit bei Produkten, auf welche die Personen ohne Werbung aufmerksam wurden
Zwischen 10% und 30%	6%	2%
Zwischen 30% und 50%	13%	7%
Zwischen 50% und 80%	62%	43%
Zwischen 80% und 100%	19%	48%

Quelle: Eigene Darstellung

4.3 Erhebungsmethode: qualitative Forschung

Für eine umfassende Betrachtung des Themas wird nicht nur die Meinung der Konsumenten erfasst, sondern auch die von zwei unabhängigen Gründern.

Die Fragen werden in die nachfolgenden Kategorien eingeordnet. Diese werden mit „Kosten", „Erfolg", „Empfehlung" und „subjektive Meinung" benannt. Die Auswertung des Interviews erfolgt anhand dieser Kategorien.

Als Interviewpartner Experte A steht der Gründer eines Unternehmens zur Verfügung, welches ökologisch und in Deutschland produzierte Kinderbilder im Internet verkauft. Durch mehrfache Käufe besteht eine freundschaftliche Beziehung, weshalb die Beantwortung der Fragen durch ihn ohne Konflikte durchgeführt wird. Den standardisierten Fragebogen erhält er per Mail, um ihn mit seinen Antworten zu befüllen.

Aufgrund der Betrachtung von Marketing allgemein, stellt sich die Frage, ob das Unternehmen Werbung online und offline vornimmt. Derzeit wird nur Online-Werbung durchgeführt. Dies hat den Hintergrund, dass nur in dieser Werbeform die Ergebnisse analytisch geprüft werden können. Mit Offline-Werbung ist die Möglichkeit nicht gegeben.

Die für ihn wichtige Analysemöglichkeit ergibt die Frage nach der Sicherstellung und Auswertung des Erfolgs von Werbung. Dies erfolgt bei diesem Unternehmen über die Analyse-Daten der entsprechenden Werbekanäle. Da vorrangig gezielte

Werbung über Facebook geschaltet wird, dient als Analyse Tool der Facebook-Werbemanager.

Die analytische Auswertung dient der Berechnung die Marketingkosten[9] pro Kauf. Sie werden zu der Preisfindung des Produkts sowie zu der Berechnung des Gewinns erforderlich. Das an dieser Stelle betrachtete Unternehmen investiert ca. 30% des Umsatzes pro Warenkorb für Marketing. Bei einem durchschnittlichen Warenkorb von 15 EUR betragen die Marketingkosten pro Bestellung also 4,50 EUR.

Werbung kann im Internet auf verschiedenen Werbekanälen veröffentlicht werden. Der Gründer des betrachteten Unternehmens bedient sich neuerdings auch den Werbemöglichkeiten über Instagram. Der Return on Investment[10] ist hier sehr gut. Durch Werbung auf Instagram und der damit verbundenen größeren Reichweite sowie dem Aufbau der Marke konnte der Umsatz im vergangenen Quartal um ca. 27% gesteigert werden.

Eine explizite Betrachtung der Absatzsteigerung durch Werbung ist in diesem Fall nicht möglich. Der Onlineshop wurde von Beginn an beworben, weshalb ein Vergleich mit und ohne Werbung ausgeschlossen ist.

Für den Gründer des Unternehmens ist das Geschäftsmodell ohne Online-Werbung nicht realisierbar.

Um einen Vergleich zwischen Werbung und Empfehlungen zu erreichen, stellt sich die Frage nach der Stellung von Empfehlungen in seinem Geschäftsmodell. So können Empfehlungen ein Absatzverstärker oder vernachlässigbar sein. Neben der Online-Werbung ist für ihn „eine Empfehlung ein unglaublich wichtiger Hebel im Online-Geschäft" (Experte A, Gründer, Anhang A). Mit systematischen Werbeanzeigen werden Empfehlungen forciert mit dem Ziel der Umsatzsteigerung.

Zum Schluss des Interviews wird der Gründer um seine subjektive Meinung zu Werbung gebeten. Werbung bezeichnet er als „einer der wichtigsten Faktoren für den Aufbau eines Geschäfts" (Experte A, Gründer, Anhang A). Ohne Marketing ist keine lange Bestandsfähigkeit beziehungsweise Etablierung am Markt möglich. Er sieht somit Werbung als Möglichkeit der Umsatzsteigerung.

---

[9] Cost per Aquisition
[10] Prozentuales Verhältnis zwischen eingesetztem Kapital und dadurch erwirtschaftetem Gewinn.

Experte B ist Mitgründer eines Start-Ups, welches sehr erfolgreich Socken und Boxershorts unter anderem über Amazon verkauft. Gleichzeitig wirbt Amazon inzwischen mit diesem Start-Up für ihr Programm „Fulfillment-by-Amazon", bei welchem Amazon die Abwicklung der logistischen Aufgaben übernimmt.

Auch dieser Gründer erhält den standardisierten Fragebogen per Mail zur Befüllung mit seinen Antworten.

Aufgrund des Geschäftsmodells schaltet auch dieses junge Unternehmen nur Online-Werbung. Die starke Verbindung mit Amazon schlägt sich auch bei den Werbemaßnahmen nieder. So hat die Werbung im letzten Schritt des Kaufes bei Amazon den größten Return on Investment (ROI) für deren Produkte. Das sogenannte Pay-per-Click Modell, nach welchem das Unternehmen für jeden Klick auf das Produkt einen Betrag zahlen muss, hat dagegen den geringsten ROI. Die Sicherstellung und Auswertung des Erfolgs von Werbung erfolgt durch die tägliche Kontrolle von verschiedenen Key Perfomance Indicators (KPI). Hier ist beispielhaft der KPI ROAS (Return on Advertising Spend) zu nennen. Er gibt den tatsächlich erzielten Gewinn pro Online-Werbeausgabe an.

Je nach Vertriebskanal rechnet das Unternehmen mit unterschiedlichen Marketingkosten. Für einen Neukunden in deren Onlineshop wird zwischen 10 EUR und 12 EUR investiert.

Durch Werbung konnte das Start-Up den Absatz gezielt erhöhen. Nach Aussage des Gründers ist insbesondere der Onlineshop stark abhängig von Marketingmaßnahmen. Ein Großteil des Umsatzes wird nur mit Hilfe von Werbung erzielt.

Dies beantwortet gleichzeitig die Frage nach dem Erfolg des Unternehmens, wenn keine Werbung geschaltet wird. Hier gibt der Gründer an, dass der Erfolg zum jetzigen Zeitpunkt noch stark an Werbung gebunden ist.

Eine Messung des Stellenwerts von Empfehlungen ist nicht möglich. Aus diesem Grund kann der Interviewte hierzu keine Angaben machen.

Werbung wird bei diesem Unternehmen ebenfalls als Chance gesehen, um den Verkauf und Umsatz zu steigern.

Zusammenfassend lässt sich sagen, dass in drei von vier Kategorien keine Übereinstimmung bei den Antworten herrscht.

In der Kategorie „Kosten" ist dies auf die unterschiedlichen Vertriebskanäle und den aktuellen Status des Unternehmens beziehungsweise dessen Bekanntheitsgrads zurückzuführen. Diese Kategorie beinhaltet die Frage nach den Marketingkosten, welche pro Käufer berechnet werden.

In der Kategorie „Erfolg" besteht eine mittlere Übereinstimmung. Sie beinhaltet die Fragen nach dem Erfolg von Werbung. So geben beide Experten an, nur Online-Werbung durchzuführen und den Absatz durch Werbung gezielt erhöht zu haben. Unterschiede bestehen in dem ROI von Werbemaßnahmen und der Auswertung des Erfolgs der durchgeführten Werbung.

Aus der Kategorie „Empfehlung", welche die Frage nach der Wichtigkeit von Empfehlungen enthält, ergibt sich die Erkenntnis, dass Experte A eine Empfehlung durchaus wichtig ist, Experte B kann dagegen aufgrund der nicht vorhandenen Messung keine Aussage treffen.

Dagegen besteht eine Übereinstimmung der beiden Gründer in der Kategorie „subjektive Meinung" zu erkennen ist. Sowohl Experte A als auch Experte B geben an, ohne Werbung ihr Geschäftsmodell so nicht durchführen zu können und sehen Werbung als Chance.

5 Interpretation

Wie in Kapitel 2.1. beschrieben, steigt der Kapitalbedarf von Gründungen kontinuierlich. Es wird immer mehr Eigenkapital eingesetzt, was wiederum zu größeren finanziellen Schwierigkeiten bei einer Insolvenz des Unternehmens führen kann. Dies betrifft vor allem die steigende Anzahl an Vollerwerbsgründern und Notgründern. Wichtig für Gründer ist es also, ihr vorhandenes Kapital, welches für Marketing bestimmt ist, zielgerichtet einzusetzen. Die durchgeführte Arbeit bewertet den Erfolgsfaktor Marketing und dient Gründern in der Entscheidungsfindung, ob und in welchem Umfang Marketing wichtig ist.

Neben dem immer höheren Kapitalbedarf steigen gleichzeitig die Ausgaben für das Marketing. Hier zeichnet sich, bezugnehmend auf Kapitel 2.2., eine Veränderung in der Auswahl der Medien für Werbung ab: Werbung in den sozialen Medien nimmt stetig zu. Dagegen verzeichnet Werbung in Printmedien einen Rückgang. Dies verändert gleichzeitig durch die erhöhte Kundenorientierung die Anforderungen an das Marketing. Auch die Antwort der Konsumenten in der durchgeführten Umfrage, nach welcher deutlich mehr Personen durch Online-Werbung den letzten Einkauf getätigt haben, fördert den Eindruck, dass diese Veränderung noch nicht abgeschlossen ist. Bei der Umfrage in Kapitel 4.2. gaben 62% der befragten Personen an, den letzten Einkauf durch Online-Werbung getätigt zu haben. Auch die Nutzung der sozialen Medien zwischen ein und drei Stunden am Tag wird der Online-Werbung zu mehr Popularität verhelfen. Der Ausbau auf einen deutlich höheren Anteil an Käufen durch Online-Werbung ist dadurch gegeben. Experte B bestätigt diese Annahme durch die starke Abhängigkeit von deren Onlineshops von Marketingmaßnahmen. Nur 29% der befragten Personen nutzen derzeit die sozialen Medien weniger als eine Stunde am Tag. Gleichzeitig führen 19% der Personen einmal pro Woche eine Bestellung online durch. Nur 20% der befragten Personen kaufen seltener als einmal im Monat online ein. Auch der interviewte Gründer Experte A sieht die Online-Werbung als einzige Möglichkeit, sein Geschäftsmodell zu realisieren. Zudem ist auch die Analyse der Werbung nur online genauer möglich. Sie dient unter anderem zur Unterstützung der Planung der Geschäftsentwicklung. Dies stützt die Aussage der Erhöhung der Wichtigkeit von Online-Werbung und deren Erhöhung des Marktanteils gegenüber den traditionellen Printmedien.

Neben dem erhöhten Kapitalbedarf bei Gründungen und der Steigerung der Ausgaben in das Marketing ist auch die Entwicklung hin zu der Konsumgesellschaft ein wichtiger Faktor für das Marketing. Durch die in Kapitel 2.3. beschriebene

Entwicklung der Technik und die damit unter anderem zusammenhängende Produktionssteigerung muss auch Absatz generiert werden. Dies zeigt sich in dem jährlich steigenden Umsatz des Onlinehandels. Das Marketing soll somit die passenden Lösungen für die Erhöhung des Absatzes finden und die Konsumenten zum Kauf anregen.

Allerdings ist eine Verfehlung der Gewinnziele bei drei von vier Neuprodukten, wie in Kapitel 4.1. betrachtet, zu erkennen. Hier muss das Marketing nach Aussage von Managern ansetzen. Gleichzeitig ist aus der Umfrage in Kapitel 4.2. aber hervorzuheben, dass die Konsumenten ohne Anregung von Werbung deutlich häufiger einkaufen, als mit Anregungen durch Werbung. Dieses Ergebnis wird unterstützt durch die Aussage des Gründers Experte A, welcher unter anderem Empfehlungen als sehr wichtig ansieht.

Es stellt sich deshalb die Frage, ob die Manager kundenorientiert handeln und sich in diese hineinversetzen. Die Auswertung der Konsumentensicht bestätigt sich die Annahme, dass Manager nur kurzfristig kundenorientiert handeln. So kauften die letzten sieben Tage etwas mehr Konsumenten aufgrund von Werbung ein, als aufgrund einer Empfehlung. Dies wird gestützt durch die Aussage, dass für mehr Konsumenten Werbung belanglos statt stimulierend wirkt. Gleichzeitig lag auch der Kauf von Konsumenten aufgrund einer Empfehlung deutlich länger in der Vergangenheit als der Kauf durch Werbung.

Der Produktnutzen steht bei den Konsumenten in der Werbung an erster Stelle. Parallel wird der Qualität der Werbung und dem Produktaussehen eine geringere Bedeutung beigemessen. Dies lässt den Schluss zu, dass die Kunden nicht aufgrund des Produktaussehens oder auch der Qualität der Werbung einkaufen, sondern vorrangig der Produktnutzen zählt. Eine Präsentation des Produkts mit Hervorhebung der Möglichkeiten des Produktnutzens, fördert somit den Absatz des Produkts erheblich. Eine hochpreisige, nur auf das Produktaussehen und Qualität der Werbung fixierte Werbung, wird also den Absatz weniger steigern.

Allerdings muss dringend beachtet werden, dass nur 19% der befragten Personen mit ihren Produkten, auf welche sie durch Werbung aufmerksam wurden, zufrieden sind. 48% bescheinigen vergleichsweise dieselbe Zufriedenheit mit den Produkten, auf die sie ohne Werbung aufmerksam wurden. Hier gilt es für die Verantwortlichen eine deutliche Steigerung der Zufriedenheit bei Produkten, welche beworben werden, zu erreichen. Im schlimmsten Fall droht durch die Konsumenten eine deutliche Ausgabenreduzierung für Produkte, welche beworben werden.

Resümierend ist festzuhalten, dass der Erfolgsfaktor Marketing bei jungen Unternehmen durch die Anregung der Konsumenten zum Kauf sehr wichtig ist. So kann die Hypothese H0 widerlegt werden. Dagegen ist die Alternativhypothese H1 mit dieser Interpretation bestätigt.

Sowohl die Konsumenten als auch die Gründer sehen große Vorteile vor allem in der Online-Werbung. Diese wird weiterhin ausgebaut und individuell auf die Kunden angepasst werden, so dass eine Umsatzsteigerung folgen wird. Online-Werbung sollte somit von Anfang an in die Betrachtung zur Steigerung des Absatzes einbezogen werden. Vor allem die Generationen, welche mit den digitalen Systemen aufwachsen, sind die umsatzsteigernden Konsumenten der Zukunft. Die Ausgaben für das Marketing werden voraussichtlich weiter steigen. Durch die Individualisierung und die analytischen Möglichkeiten bei der Online-Werbung werden gegenüber der Offline-Werbung zukünftig noch deutlich höhere Ausgaben erwartet. Der Einsatz dieses Mittels verspricht die gezielte Anwerbung von nur den Kunden, die einen entsprechenden Gewinn erzielen. Printmedien werden dagegen langfristig weiter an Bedeutung verlieren.

Zu der Bewertung des Erfolgsfaktors Marketing bei jungen Unternehmen können, wie in Kapitel 2.2. beschrieben, verschiedene Kennzahlen verwendet werden.

So ist die Werbeeffizienz, die sich aus Werbe-Input und Werbe-Output zusammensetzt, eine sehr aussagekräftige Kennzahl, inwiefern eine bestimmte Werbung zum Erfolg des Unternehmens beiträgt.

Eine weitere Kennzahl kann aus der Umfrage aus Kapitel 4.2. abgeleitet werden. Durch die Gegenüberstellung der Anzahl von Käufen eines Produkts in einem Zeitraum, in welchem keine Werbung publiziert wird und einem vergleichbaren Zeitraum, in welchem mit Werbung dieses Produkt beworben wird, dient der Erfolgsmessung.

Auch die Häufigkeit des Einkaufs aufgrund von Werbung oder einer Empfehlung kann als Kennzahl dienen. Sie zeigt auf, wie sehr sich die Konsumenten von Werbung oder Empfehlungen leiten lassen.

6 Fazit

Als Fazit bleibt die Erkenntnis, dass Marketing einen sehr großen Anteil am Erfolg von Unternehmensgründungen hat. Der Einbezug dieses Erfolgsfaktors muss bei Neugründungen dringend erfolgen und zukünftig auch weiter an Einfluss gewinnen.

Unternehmensgründer stehen vor allem vor der Herausforderung die Online-Werbung auf ihre Kunden individuell anzupassen und Neukunden gezielt anzusprechen. Aufgrund der Neuartigkeit der umfangreichen Informationen durch die Digitalisierung und der damit verbundenen Komplexität der Thematik, ist ein systematisches Vorgehen für den Erfolg entscheidend.

Abschließend ist für weiterführende Untersuchungen zu empfehlen, zusätzliche Unternehmensgründer zu befragen und deren Einstellung zum Marketing einer detaillierten Betrachtung zu unterziehen. Wichtig ist hierbei auch die Betrachtung von Gründungen des stationären Handels, welcher jahrzehntelang das Einkaufsverhalten der Konsumenten geprägt hat.

An dieser Stelle soll auch das persönliche methodische Vorgehen reflektiert werden.

Diesbezüglich ist festzustellen, dass der Zeitplan dieser Arbeit eingehalten und die Arbeit entsprechend rechtzeitig fertiggestellt wurde. Das frühzeitige Herausarbeiten der Quellen, welche zur Erstellung dieser Arbeit benötigt wurden und die vorzeitige Auseinandersetzung mit der Thematik sowie die Durchführung der Forschung unterstützten das Schreiben ohne Zeitdruck.

Allerdings wurde die Auswertung der Daten zeitlich unterschätzt, was bei der Erstellung zukünftiger Arbeiten beachtet wird. Zusätzlich wurde auch die Auswahl der Forschungsmethoden nicht vorteilsmäßig festgelegt. Aufgrund des vorgegebenen beschränkten Umfangs empfiehlt sich zukünftig die Konzentration auf maximal zwei Forschungsmethoden. Diese können dann detaillierter betrachtet und ausgewertet werden, was zu einer exakten Betrachtung der einzugrenzenden Thematik führt.

Positiv an der hohen Anzahl an Forschungsmethoden in dieser Arbeit hervorzuheben, ist die umfassende Betrachtung der Ansichten von aller am Marketing beteiligten Personen.

Literaturverzeichnis

Accenture's Global Consumer Pulse Research (2014). Abgerufen am 05.02.2020 von https://www.accenture.com/t00010101T000000__w__/es-es/_acnmedia/Accenture/ConversionAssets/DotCom/Documents/Global/PDF/Dualpub_6/Accenture-Customer-2020-Future-Ready-Reliving-Past.pdf

American Marketing Association (o. J.). Abgerufen am 21.01.2020 von https://www.ama.org/the-definition-of-marketing-what-is-marketing/

BONAGO (2016). Abgerufen am 05.02.2020 von https://www.bonago.de/konsumentenverhalten-wie-die-deutschen-einkaufen/

Brink, A. (2013). *Anfertigung wissenschaftlicher Arbeiten. Ein prozessorientierter Leitfaden zur Erstellung von Bachelor-, Master und Diplomarbeiten* (5. Auflage). Wiesbaden: Springer Fachmedien Wiesbaden GmbH.

Bruhn, M. (2019). *Marketing. Grundlagen für Studium und Praxis* (14. Auflage). Wiesbaden: Springer Fachmedien Wiesbaden GmbH.

Burchert, H., Sohr, S. (2005*). Praxis des wissenschaftlichen Arbeitens: eine anwendungsorientierte Einführung; reden, schreiben, lesen, recherchieren, Grundlagen.* München: Oldenbourg Verlag.

Busch, R., Dögl, R., & Unger, F. (2001). *Integriertes* Marketing. Strategie, Organisation, Instrumente (3. Auflage). Wiesbaden: Dr. Th. Gabler GmbH.

Controlling-Portal (o. J.). Abgerufen am 27.02.2020 von https://www.controllingportal.de/Fachinfo/Kennzahlen-1/Umsatzrent.html

Dev-Insider (o. J.). Abgerufen am 26.01.2020 von https://www.dev-insider.de/was-ist-ein-boolescher-operator-a-798769/

DigitasLBI (2015). Abgerufen am 05.02.2020 von https://www.digitas.com/connectedcommerce2015data/#/

Duden (o. J.). Abgerufen am 26.01.2020 von https://www.duden.de/rechtschreibung/Bibliografie

Duden (o. J.). Abgerufen am 26.01.2020 von https://www.duden.de/rechtschreibung/Fachzeitschrift

Duden (o. J.). Abgerufen am 26.01.2020 von https://www.duden.de/rechtschreibung/Primaerliteratur

Duden (o. J.). Abgerufen am 28.01.2020 von https://www.duden.de/rechtschreibung/standardisieren

Duden (o. J.). Abgerufen am 26.01.2020 von https://www.duden.de/rechtschreibung/trunkieren

Freiling, J., Harima, J. (2019). *Entrepreneurship. Gründung und Skalierung von Startups.* Wiesbaden Springer Fachmedien Wiesbaden GmbH.

Gabler Banklexikon (o.J.). Abgerufen am 21.01.2020 von https://www.gabler-banklexikon.de/definition/mikrofinanzierung-81494

Gabler Wirtschaftslexikon (o. J.). Abgerufen am 26.02.2020 von https://wirtschaftslexikon.gabler.de/definition/kennzahlen-41897

Gabler Wirtschaftslexikon (o. J.). Abgerufen am 27.02.2020 von https://wirtschaftslexikon.gabler.de/definition/kostenstruktur-38272

Gabler Wirtschaftslexikon (o. J.). Abgerufen am 26.01.2020 von https://wirtschaftslexikon.gabler.de/definition/printmedien-44563

Gabler Wirtschaftslexikon (o. J.). Abgerufen am 27.02.2020 von https://wirtschaftslexikon.gabler.de/definition/umschlagshaeufigkeit-48647

Gründerszene Lexikon (o. J.). Abgerufen am 02.03.2020 von https://www.gruenderszene.de/lexikon/begriffe/cashflow?interstitial_click

Gründerszene Lexikon (o. J.). Abgerufen am 04.03.2020 von https://www.gruenderszene.de/lexikon/begriffe/entrepreneur?interstitial

Handelskammer Hamburg (o. J.). Abgerufen am 02.03.2020 von https://www.hk24.de/produktmarken/beratungservice/unternehmensgruendung/erste-schritte-selbstaendigkeit/gruendungsvarianten-3158348

Gartner, W. B. (1985): *A Conceptual Framework for Describing the Phenomenon of New Venture Creation.* Academy of Management Review, 10. (4), S. 696-706.

Herr, C. (2007). *Nicht-lineare Wirkungsbeziehungen von Erfolgsfaktoren der Unternehmensgründung*. In Brettel, M., Koch, L. T., Kollmann, T., & Witt, P. (Hrsg.), *Entrepreneurship* (S. 1-42). Wiesbaden: GWV Fachverlage GmbH.

Hesse, J., Neu, M., & Theuner, G. (2007*). Marketing. Grundlagen* (2. Auflage). Berlin: Berliner Wissenschafts-Verlag GmbH.

Hoffmann, D. (2017). Experteninterviews. In Mikos, L. & Wegener, C. (Hrsg.): *Qualitative Medienforschung. Ein Handbuch* (2. Auflage) (S. 313–320). Konstanz: UVK.

IWW Institut für Wissen in der Wirtschaft GmbH (o. J.). Abgerufen am 27.02.2020 von https://www.iww.de/bbp/archiv/bilanz-und-erfolgsanalyse-mit-kennzahlen-weitere-kennzahlenbereiche-des-externen-rechnungswesens-f35726

Jacobsen, L. (2006). Erfolgsfaktoren bei der Unternehmensgründung. Entrepreneurship in Theorie und Praxis. Wiesbaden: GWV Fachverlage GmbH.

Kaiser, A. (1978). *Anleitung zur Anfertigung einer wissenschaftlichen Diplomarbeit*. Wirtschaftswissenschaftliches Studium, 7., S. 33-38.

Katholische Universität Eichstätt-Ingolstadt (o. J.). Abgerufen am 27.01.2020 von https://journalistik.ku.de/methoden/methoden-der-empirischen-sozialforschung/inhaltsanalyse/qualinhaltsanalyse/qualitative-inhaltsanalyse-auswertungsverfahren-nach-mayring/

KfW Bankengruppe (2019). KfW-Gründungsmonitor 2019. Abgerufen am 20.01.2020 von https://www.kfw.de/PDF/Download-Center/Konzernthemen/Research/PDF-Dokumente-Gr%C3%BCndungsmonitor/KfW-Gruendungsmonitor-2019.pdf

König, W. (2000). *Geschichte der Konsumgesellschaft*. Stuttgart: Franz Steiner Verlag Wiesbaden GmbH.

Konrad-Adenauer-Stiftung e.V. (2015). Gründen in Deutschland. Abgerufen am 21.01.2020 von https://www.kas.de/c/document_library/get_file?uuid=e66bf18a-2438-5a87-e54a-065dbccfc3bb&groupId=252038

Li, J., Earnest, J. (2015). *Das Beste aus zwei Welten. Vorteile einer Kombination von quantitativen und qualitativen Forschungsmethoden*. WZB Mitteilungen, 2015 (150), S. 30-33.

Linten, M., Kretschmann, R., & Heller, L. (2013). *Literatur und Information. Datenbanken, Fachliteratur, Literaturrecherche und -verwaltung* (2. Auflage). Frankfurt am Main: Deutsches Institut für Internationale Pädagogische Forschung (DIPF).

Lux, C., Sühl-Strohmenger, W. (2004). *Teching Library in Deutschland. Vermittlung von Informations- und Medienkompetenz als Kernaufgabe für Öffentliche und Wissenschaftliche Bibliotheken.* Wiesbaden: Verlag Dinges & Frick GmbH.

Mayring, P., Fenzl, T. (2019). *Handbuch Methoden der empirischen Sozialforschung. Qualitative Inhaltsanalyse* (2. Auflage). Wiesbaden: Springer Fachmedien Wiesbaden GmbH.

Meffert, H., Burmann, C., Kirchgeorg, M., & Eisenbeiß, M. (2019). *Marketing. Grundlagen marktorientierter Unternehmensführung* (13. Auflage). Wiesbaden: Springer Fachmedien Wiesbaden GmbH.

Meyen, M., Löblich, M., Pfaff-Rüdiger, S., & Riesmeyer, C. (2019). *Qualitative Forschung in der Kommunikationswissenschaft. Eine praxisorientierte Einführung* (2. Auflage). Wiesbaden: Springer Fachmedien Wiesbaden GmbH.

Möhring, W., Schlütz, D. (2019). *Die Befragung in der Medien- und Kommunikationswissenschaft. Eine praxisorientierte Einführung* (3. Auflage). Wiesbaden: Springer Fachmedien Wiesbaden GmbH.

Nagl, A. (2014). *Der Businessplan. Geschäftspläne professionell erstellen mit Checklisten und Fallbeispielen* (7. Auflage). Wiesbaden: Springer Fachmedien Wiesbaden GmbH.

Pechtl, H. (2017). *Controlling der Werbung.* In Zerres, C. (Hrsg.), *Handbuch Marketing-Controlling, Grundlagen – Methoden – Umsetzung* (4. Auflage) (S. 151-172). Wiesbaden: Springer-Verlag GmbH Deutschland.

Porter, M. (2000). *Wettbewerbsvorteile. Spitzenleistungen erreichen und behaupten* (6. Auflage). Frankfurt am Main: Campus Verlag.

PricewaterhouseCoopers GmbH (2018). Start-up-Unternehmen in Deutschland. Abgerufen am 07.02.2020 von https://www.pwc.de/de/startups/pwc-studie-startups-in-deutschland-2018.pdf

Raithel, J. (2008). *Quantitative Forschung. Ein Praxiskurs* (2. Auflage). Wiesbaden: GWV Fachverlage GmbH.

Rufo, M. & Zerres, C. (2017). *Strategische Analysetechniken.* In Zerres, C. (Hrsg.), *Handbuch Marketing-Controlling, Grundlagen – Methoden – Umsetzung* (4. Auflage) (S. 69-90). Wiesbaden: Springer-Verlag GmbH Deutschland.

Scheffler, E. (2012). *Die 115 wichtigsten Finanzkennzahlen. Hintergründe, Formeln und Aussagekraft.* München: C. H. Beck.

Simon Kucher & Partners (2014). Abgerufen am 05.02.2020 von https://app-eu.clickdimensions.com/blob/simon-kuchercom-a7diw/files/simon-kucher_globalpricingstudy2014_management_summary.pdf

Statista (o.J.). Abgerufen am 22.01.2020 von https://de.statista.com/statistik/daten/studie/75034/umfrage/entwicklung-der-werbeausgaben-in-deutschland-prognose/

Statista (o. J.). Abgerufen am 28.01.2020 von https://de.statista.com/statistik/lexikon/definition/60/grundgesamtheit/

Tausendpfund, M. (2019). *Quantitative Datenanalyse. Eine Einführung mit SPSS.* Wiesbaden: Springer Fachmedien Wiesbaden GmbH.

Ternés, A., Tower, I., & Jerusel, M. (2015). *Konsumentenverhalten im Zeitalter der Digitalisierung. Trends: E-Commerce, M-Commerce und Connected Retail.* Wiesbaden: Springer Fachmedien Wiesbaden GmbH.

Theisen, M. (2011). *Wissenschaftliches Arbeiten* (15. Auflage). München: Vahlen

Walsh, G., Deseniss, A., & Kilian, T. (2020). *Grundlagen des Marketings* (3. Auflage). Heidelberg: Springer-Verlag.

Welt der BWL (o. J.). Abgerufen am 27.02.2020 von https://welt-der-bwl.de/Gesamtkapitalrentabilit%C3%A4t

Welt der BWL (o. J.). Abgerufen am 27.02.2020 von https://welt-der-bwl.de/Kapitalstruktur

Welt der BWL (o. J.). Abgerufen am 27.02.2020 von https://welt-der-bwl.de/Verschuldungsgrad

Winter, S. (2000). Quantitative vs. Qualitative Methoden. Abgerufen am 03.20.2020 von http://nosnos.synology.me/MethodenlisteUniKarlsruhe/imihome.imi.uni-karlsruhe.de/nquantitative_vs_qualitative_methoden_b.html

Wissenschaftliches-Arbeiten (o. J.). Abgerufen am 26.01.2020 von https://www.wissenschaftliches-arbeiten.org/faq/monographie.html

Zenitmedia (2019). Abgerufen am 22.01.2020 von https://www.zenithmedia.de/social-media-ueberholt-print-und-wird-zum-drittgroessten-werbekanal/

Zerres, C. & Zerres, M. (2017). *Einführung in das Marketing-Controlling.* In Zerres, C. (Hrsg.), *Handbuch Marketing-Controlling, Grundlagen – Methoden – Umsetzung* (4. Auflage) (S. 3-13). Wiesbaden: Springer-Verlag GmbH Deutschland.

Anhang

Anhang A: Interview mit Experte A

1. Frage: Wie hoch sind die Marketingkosten, die Sie pro Käufer rechnen (Cost per Aquisition)?

Antwort: Wir rechnen jeden Kunden mit ca. 30% KUR (Kosten Umsatz Relation) ein. Der Durchschnittswarenkorb beträgt derzeit 15 EUR. Damit haben wir einen CPA von ca. 5 EUR für jede Bestellung.

2. Frage: Machen Sie neben Onlinewerbung (Facebook, Instagram etc.) auch Offline Werbung? Wenn ja – welche Werbeform ist profitabler?

Antwort: Bislang nicht, da wir durch Offline-Werbung keinerlei Möglichkeit haben, die Ergebnisse analytisch zu überprüfen.

3. Frage: Welche Werbemaßnahmen bringen den größten ROI und welche den geringsten?

Antwort: Derzeit verzeichnen wir über Instagram-Ads einen sehr guten ROI. Durch stetigen Aufbau unserer Marke und einer größeren Reichweite der Ads konnten wir unseren Umsatz im letzten Quartal um ca. 27% steigern

4. Frage: Wie wird der Erfolg von Werbung sichergestellt und ausgewertet?

Antwort: Wir nutzen hierzu die Analytic-Daten der Werbekanäle. Ganz konkret über den Facebook-Werbemanager.

5. Frage: Konnten Sie Ihren Absatz durch Werbung gezielt erhöhen? Falls ja – in welchem Verhältnis?

Antwort: Nachdem wir bereits zu Beginn unseren Shop mit online beworben haben, können wir lediglich die Veränderung über die letzten Monate beziffern. Diese stellen sich aber mit ca. 27% Wachstum im letzten Quartal dar.

6. Frage: Welche Stellung nehmen Empfehlungen in Ihrem Verkauf ein? Sind diese ein Absatzverstärker oder so gering, dass Sie sie vernachlässigen?

Antwort: Für uns ist eine Empfehlung ein unglaublich wichtiger Hebel im Online-Geschäft. Durch gezielte Werbemaßnahmen versuchen wir die Empfehlungen zu erhöhen und dadurch weiteren Umsatz zu erwirtschaften.

7. Frage: Wie ist Ihre subjektive Meinung – ist der Erfolg Ihres Unternehmens auch ohne Werbung für die Produkte möglich? Wenn ja – warum machen Sie Werbung?

Antwort: Nein. Ohne Online-Werbung wäre das Geschäft so nicht realisierbar.

8. Frage: Sehen Sie Werbung als notwendiges Übel oder als Chance den Verkauf und Umsatz zu steigern?

Antwort: Werbung war und ist schon immer einer der wichtigsten Faktoren für den Aufbau eines Geschäfts gewesen. Kein Geschäft kann ohne Marketing lange bestehen oder sich am Markt etablieren. Demnach ist Werbung für uns eine klare Chance unseren Umsatz zu steigern.

Anhang B: Interview mit Experte B

1. Frage: Wie hoch sind die Marketingkosten, die Sie pro Käufer rechnen (Cost per Aquisition)?

Antwort: Das ist abhängig von den verschiedenen Vertriebskanälen. Für einen Neukunden in unserem Online Shop zahlen wir zwischen 10€ und 12€.

2. Frage: Machen Sie neben Onlinewerbung (Facebook, Instagram etc.) auch Offline Werbung? Wenn ja – welche Werbeform ist profitabler?

Antwort: Nein, wir machen nur Online Werbung

3. Frage: Welche Werbemaßnahmen bringen den größten ROI und welche den geringsten?

Antwort: Werbung im letzten Schritt des Kaufs -> PPC auf Amazon

4. Frage: Wie wird der Erfolg von Werbung sichergestellt und ausgewertet?

Antwort: Tägliche Kontrolle der KPI's wie ACOST, ROAS

5. Frage: Konnten Sie Ihren Absatz durch Werbung gezielt erhöhen? Falls ja – in welchem Verhältnis?

Antwort: Ja definitiv. Vor allem der Online Shop ist stark abhängig von Marketingmaßnamen. Ein Großteil des Umsatzes wird dadurch erzielt.

6. Frage: Welche Stellung nehmen Empfehlungen in Ihrem Verkauf ein? Sind diese ein Absatzverstärker oder so gering, dass Sie sie vernachlässigen?

Antwort: Kann ich schwer sagen, ist schwer zu messen. Wir kein „Kunde wird neuen Kunden" Programm und haben deshalb dazu keine Zahlen.

7. Frage: Wie ist Ihre subjektive Meinung – ist der Erfolg Ihres Unternehmens auch ohne Werbung für die Produkte möglich? Wenn ja – warum machen Sie Werbung?

Antwort: Nein, der Erfolg ist zum jetzigen Zeitpunkt noch stark an Werbung gebunden.

8. Frage: Sehen Sie Werbung als notwendiges Übel oder als Chance den Verkauf und Umsatz zu steigern?

Antwort: Chance